对权威的服从

OBEDIENCE TO AUTHORITY

[美]斯坦利·米尔格拉姆 著
赵萍萍 王利群 译

新华出版社

图书在版编目（CIP）数据

对权威的服从：一次逼近人性真相的心理学实验 / (美) 米尔格拉姆著；赵萍萍，王利群译. -- 2版. -- 北京：新华出版社，2015.10

书名原文: obedience to authority

ISBN 978-7-5166-2062-5

Ⅰ. ①对… Ⅱ. ①米… ②赵… ③王… Ⅲ. ①服从行为－实验心理学－研究 Ⅳ. ①C912.68

中国版本图书馆CIP数据核字(2015)第232568号

著作权合同登记号：01-2010-4369

对权威的服从：一次逼近人性真相的心理学实验

作　　者：[美] 斯坦利 · 米尔格拉姆

译　　者：赵萍萍　王利群

出 版 人：张百新　　**责任编辑：**黄绪国

责任校对：刘保利　　**责任印制：**廖成华

封面设计：图鸦文化

出版发行：新华出版社

地　　址：北京石景山区京原路8号　　**邮　　编：**100040

网　　址：http://www.xinhuapub.com　http://press.xinhuanet.com

经　　销：新华书店

购书热线：010－63077122　　**中国新闻书店购书热线：**010－63072012

照　　排：图鸦文化

印　　刷：三河市君旺印务有限公司

成品尺寸：145mm×210mm　1/32

印　　张：8　　**字　　数：**180千字

版　　次：2015年10月第二版　　**印　　次：**2025年8月第六次印刷

书　　号：ISBN　978-7-5166-2062-5

定　　价：39.00元

图书如有印装问题请与出版社联系调换：010-63077101

目 录

CONTENTS

新版序言

西方文化中有两个最复杂、最深刻的故事：其一是路西法堕入地狱，其二是亚当和夏娃被赶出乐园。这两个故事蕴含着同样的教训：不服从权威将导致可怕的后果。路西法是上帝最宠爱的“光芒天使”，在很多的故事中也被称为“晨星”。但是，上帝在创造亚当之后，要求所有天使都尊重这个完美的人类。路西法对这个命令提出了挑战。他和其他一些有着类似看法的天使都认为：他们远在亚当被创造出来之前就已经存在了；而且，他们是天使，亚当只是个凡人。上帝立刻认定他们犯下了两宗罪：骄傲和反抗他的权威。但他并不打算和平解决这个矛盾，而是直接向大天使麦克下命令，带领一群服从上帝的天使，以武力对付这些叛徒。结果当然是麦克获胜（因为上帝站在他这边）。路西法变成了魔鬼撒旦，与其他堕落天使一起，被打入上帝新创造的地狱之中。但不久之后，撒旦又返回天堂，以行动证明了不尊重亚当是正确的：因为亚当不仅不完美，更糟的是，一条蛇就可以让他轻易堕落。

不要忘记，上帝让亚当和夏娃自由统治着完美的伊甸园，但只有一个要求和告诫：不能吃智慧树的果实。撒旦伪装成一条蛇，诱惑夏娃尝了一口禁果。她在品尝之后，又让亚当这样做。两个人吃了禁果后立刻受到诅咒，被永远地驱逐出伊甸园。他们必须在人间受尽折磨，经历各种痛苦，目睹他们的孩子该隐和亚伯之间的争斗。此外，他们还失去了纯洁。这个故事讲述的道理是：不服从权威就会导致可怕的后果。为了让这种行为的后果更严重，他们的罪恶成为了世世代代的永恒之罪。亚当和夏娃的错误行为所犯下的原罪，让人间的每一个天主教的孩子，在出生的那一刻就受到了诅咒。

当然，这些故事都是人类编出来的神话，更准确地说，是人类的权威——比如神父、拉比和牧师们——编出来的故事，因为这些故事发生的时间远在人类出现并可以进行记录之前。但它们和所有神话故事一样，其初衷是向所有听故事和阅读故事的人们传递一个重要的信息：**无论付出多大代价，都要服从权威**！反抗权威的结果非常可怕，要下地狱！这些神话和寓言故事出现之后，被后来的权威一代代地传了下去，因为他们需要其他人遵循他们的命令，不能持有异议或者挑战。到了现代，这些权威包括父母、老师、老板、政客、独裁者，等等。

因此，孩子们在学校的学习生活中必须遵守各种规矩。事实上，几乎所有传统的教育场所都在讲述这些规则，比如：站起来离开座位前必须得到老师的允许；举手提问时，没有老师的许可不得开口说话；不能对老师的言语发出挑战或抱怨，等等。这些行为规则被深刻地印在我们的脑海里，即使在我们长大成人后，它们仍然广泛地存在于我们生活的各个方面，就像一个永恒的布告，指引我们要尊重权威。但是，不是所有权威都是公平公正、合理合法的，有一个问题是我们始终都没有学习到的：如何判断“公正”和“不公正”权威之间的重要区别。公正的权威值得我们尊重和一定程度地服从，甚至可能不需要对之产生质疑。但面对不公正的权威，我们应该先感到痛苦，然后对之提出怀疑，最后对其蔑视并作出挑战和革命行为。

斯坦利·米尔格拉姆的这部最新版著作，清晰而完整地收录了他的服从权威实验。对于人性这一特征的核心动力，人类从各种社会科学学科的角度进行了重要的探索，该实验就是具有代表性的研究成果之一。米尔格拉姆在服从权威研究中，首次引入了可控的实验室环境。从某种意义来讲，他遵循了库尔特·勒温[①]的研究体系。勒温法则的核心之一是：社会心理学应该在实验室的限制和控制环境中，研究那些在真实世界中具有重要意义的现象。但米尔格拉姆并不像利昂·费斯廷格（Leon Festinger）、斯坦利·斯坎特（Stanley Schachter）、李·罗斯（Lee Ross）和理查德·尼斯贝特（Richard Nisbett）等人那样，被看做是勒温的衣钵继承人。

米尔格拉姆对服从的探索，源自他的一个思考：德国人轻易地服从纳粹的权威，对犹太人进行种族歧视，最后在大屠杀中实施了希特勒的“最终解决”命令。作为一名年轻的犹太人，他不由得问：尽管今日的美国和当时的德国，在文化和历史阶段方面存在很多不同，但大屠杀是否可能在他的国家中再

①库尔特·勒温（Kurt Lewin，1890—1947），德国心理学家。他试图用团体动力学的理论来解决社会实际问题。这一理论对后来的社会心理学发展有很大的影响。——编者注

次出现。很多人都坚信，这种事情永远不可能在美国发生，但米尔格拉姆对此表示怀疑。相信人本善，并不能抹杀发生过的事实，那些曾经善良的普通人，确实对世界做出了如此可怕的事情——只是为了服从命令。英国作家斯诺（C.P.Snow）提醒我们，人类所犯的各种反人类罪行中，更多的是出于服从，而非反抗。米尔格拉姆的导师所罗门·阿希（Solomon Asch）曾用实验告诉我们，即使是获得良好教育的大学生，其判断力也会受到群体力量的左右，对显而易见的真相得出错误的观点。[①]但是，在阿希的实验中，这种影响是间接的：面对相同的刺激事件，如果群体标准和个人知觉之间存在差异，个体作出了服从群体错误标准的决定，以此获得群体的接受而不是排斥。而米尔格拉姆希望探究的是：当权威角色下命令，要求一个人做出挑战其个人认知和道德的行为时，会对这个人产生怎样的直接和即刻影响。这种情形是对人性的严酷考验，人们普遍相信自己会听从个人道德的指引。实际情况呢？为了探究这个问题，米尔格拉姆设计出了这个研究范例。

遗憾的是，很多心理学家、学生和外行人都自认为很了解“米尔格拉姆电击”实验，但他们所知的只是其中一个方面而已。大多数人对服从实验的认识，都是通过教科书简介

---

①指所罗门·阿希所做的系列从众实验。其中一个实验是：实验者让6位大学生参加一项所谓的知觉判断实验。其中一位是真正的受试者，其他5位是实验者的助手。实验者出示一条直线和另外3条长短不同的直线，让他们判断第一条直线与其他3条直线中的哪一条一样长。实际上每一个人凭肉眼就能判断这一问题。但实验者让他的5名助手先回答并都给出同一个错误的答案，最后让真正的受试者回答。实验结果发现在这个真相显而易见的问题中，35%的受试者受到实验者助手的影响而遵从了错误的答案。——编者注

或米尔格拉姆那部著名的《服从》纪录片电影。有人质疑他的研究只选择男性受试者，但他后来又用女性受试者复制了这个实验。此外，由于最初的几个实验都在耶鲁大学完成，有人认为他的实验只适用于耶鲁的学生。而事实是，整个服从实验系列包括了19个独立实验，实验对象多达1000人，年龄跨度从20岁到50岁，涵盖了各种职业，而不只是大学或高中的学生。此外，服从研究在道德方面也遭到了严厉批评，因为在实验情境中，扮演“教师”的受试者认为自己向“学生”施加了电击，造成“学生”的痛苦，这对“教师”而言是一种巨大的压力。我认为，该研究之所以会在道德层面饱受争议，最初可能是由于米尔格拉姆的那部纪录片电影，其中一些场景表现了受试者犹豫不决、饱受压力的状态。但是阅读他的论文或著作，并不能如此真实地感受到受试者所承受的压力，因为实际情况是，很多受试者无视给无辜受害者造成的痛苦，从始至终都服从了权威。我提出这个问题，并不是想对实验的道德性作出判断，而是希望人们通过阅读本书，全面了解米尔格拉姆的服从研究，了解他真实的研究理念、方法、结论和分析。这也是本书另一个重要价值所在。

在此简要陈述一下我对服从研究的总体看法。首先，本研究在康涅狄格州的纽黑文[①]和布里奇波特[②]两地市民中选择实验对象，样本具有多样性，数量大，存在系统变差。此

①纽黑文（New Haven），美国康涅狄格州南部港口城市，耶鲁大学所在地。——编者注

②布里奇波特（Bridgeport），美国康涅狄格州西南部港口城市。——编者注

外，米尔格拉姆还详细阐述了实验的方法特征。所有的一切都证明，这是社会心理学或社会科学历史上最具代表性和广泛性的研究之一。此外，它在多种文化环境中和不同的时期都得到了复制，充分显示出其强大的有效性。

该实验是社会情境力量对人类行为影响的重要例证，是情境学者研究行为决定因素的重要基础。服从实验研究的结果是：看似公正的权威进行了一个实验，并且提供了看似合理的意图；但是，当权威的命令不再合理，大多数人未能反抗不公平的权威。的确，心理学科学家适当使用惩罚，作为改善学习和记忆的方式，这是合理的手段。但是，持续不断地向学生施加强度越来越大的电击，给学生造成了痛苦，这就不合理。学生不断要求放弃实验，担心自己的心脏病发作，并且在330伏特之后，停止了所有的反应。如果他失去了意识或出现了更严重的问题，该如何帮助改善他的记忆？在实验过程中，如果受试者能够稍加批判性思考，几乎每个人都会拒绝继续实验，拒绝服从没有人性、不公平的权威。但是与之相反，大多数坚持到高强度电击的受试者，都陷入了米尔格拉姆所称的“代理状态”（agentic state）。

这种状态下，这些普通的成年人变成了没有思想、俯首帖耳的小学生，他们不知道如何摆脱令人厌恶的状态，除非教师允许他们这样做。当电击强度足以造成严重的健康问题，那一刻是否有人离开椅子，到隔壁房间查看受害者的情况？在回答这个问题之前，让我们看看另一个问题。我曾直接问米尔格拉姆：“当人们按下最后一个450伏特开关后，有几位受试者自发站起来，询问学生的情况？”米尔格拉姆的回答是：

“没有人这样做，始终都没有。”在学校中，我们学会了服从的一个最原始规则：除非老师（权威）允许、认可或命令，否则什么都不要做。这种意识一直延续到我们成年。

我对情境力量进行的研究（斯坦福监狱实验），从几个方面对米尔格拉姆实验进行了补充。这两个研究都是情境主义学说的重要组成部分：他的实验研究了权威对个体的直接权力，我的实验研究范畴则是机构对其权力范围内所有人的间接权力。我的实验展示的是体系的力量，体系创造并维护一个情境，对个人行为进行控制和统治。此外，两个实验都生动展示了外界力量对人类行为的强大影响。对观众或旁观者而言，这些实验得出的道理是显而易见的。我也曾推出一部有关我的实验的电影纪录片《沉默的愤怒》（*Quiet Rage*），在全世界的观众中引发了强烈反响。就像很多其他研究一样，这两个实验的参与者在实验过程中，产生了一定程度的痛苦和负罪感，引发了对实验道德问题的质疑。最近，我的书《路西法效应：好人是如何变成恶魔的》（*The Lucifer Effect: Understanding Why Good People Turn Evil*）出版。我在书中用了很大的篇幅，阐述对这些研究中道德问题的看法。1971年的美国心理学会（American Psychological Association）年会中，我首次对斯坦福监狱实验进行了一次简短综述。结束后，米尔格拉姆非常高兴地对我说，我进行了一个更没道德的研究，终于有人可以分担他肩膀上的道德重负了！

最后让我介绍一些有趣的事情。我和米尔格拉姆是布朗克斯（Bronx）詹姆斯·门罗中学（James Monroe）的同学（1950届），曾一起度过很多美好时光。他是班里最聪明的孩子，毕业的时候几乎拿遍了所有奖励。而我只是个普通得不能再普通的学生，高年级学生曾把我评为“Jimmie Monroe”（门罗吉米，意为该中学最默默无闻的人）。10年后，我们在耶鲁重逢。他告诉我，他希望自己是一个最平凡的人。但我承认，我希望自己是最聪明的。不过，我们握着上帝发给各自的牌，尽力做了自己应该做的事情。在接下来的几十年中，我和斯坦利经常进行有趣的讨论，甚至共同撰写社会心理学方面的文章。很遗憾，他在1984年因心脏病去世，享年51岁，留给我们的是沉甸甸的杰出研究成果，是人类重要的遗产之一。他的学术贡献以服从权威研究为起点，延伸到很多新领域——城市心理学、小世界问题、六度分离以及西阿诺效应等，他为这些研究设计了极具创新的方法。斯坦利·米尔格拉姆积极热情地观察着人类生活，他的目光始终都在寻找新范例，或用于展示古老的真理，或激发我们对潜在运行规则作出全新认识。我经常想，如果他至今健在，又会研究哪些新现象呢？

菲利普·津巴多（Philip Zimbardo）

2009年1月

前言

服从无处不在。在社会心理学的研究中，这个主题很容易被人们所忽略。但是，服从在塑造人类行为中扮演着怎样的角色？如果我们不了解这个问题的答案，很多重要的行为就无从解释。因为从心理学角度而言，与自发行为相比，根据命令做出的行为具有完全不同而又非常复杂的特征。

很多人都讨厌偷窃、杀戮和人身攻击。但是，如果这个命令来自权威，他们可能就会在内心深处认可这些原本厌恶的事情，并且予以实施。在被命令的情况下，一个人可能会做出自主状态下根本无法做出的行为。

服从权威的困境是一个古老的命题，就像亚伯拉罕的故事[①]一样古老。我们在今天所做的研究，其实就是给这个困境划出一个现代的框架。我们将其看做一个实验研究主题，目标是从道德的角度对之进行理解，而不是进行评判。

①亚伯拉罕的故事：《圣经》中的故事。耶和华挑选了亚伯拉罕及其后裔为自己的选民。为了考验亚伯拉罕是否真正忠于自己，他要求亚伯拉罕将他的独生子以撒作为祭品献给上帝。亚伯拉罕毫不迟疑地答应了。当他要杀死自己的儿子时，上帝的天使阻止了他。——编者注

在对服从进行心理学研究时，重要的任务是抓住权威的概念，并将其转换成个人行为。用抽象的术语讨论个人和权威各自的权利，这是一种研究方法，但在真实情景中检验一个人的道德选择，则是另外一种完全不同的方法。我们都知道，自由和权威是一个哲学问题，但是在很多的案例中，这个问题不再只停留在理论层面。在这些案例中，会有一个真实的人，他必须选择服从或者反抗权威，会出现真正的反抗行为。所有反抗行为都是在一个决定性时刻做出的，在这一刻之前，人们进行的只是一种思考过程。本实验就是围绕这个想法建立起来的。

当我们进入实验室，这个问题的范畴就缩小了：如果主试让受试者对另一个人实施越来越严重的伤害行为，受试者在什么样的情况下会服从？在什么样的情况下会反抗？这个实验室问题非常清晰、强烈和真实。社会在常规运转的过程中，存在着某些固有的趋势，本实验就是在不脱离生活的前提下，为其寻找一个极端而又符合逻辑的结论。

有这样一个问题：我们在实验室中所做的研究，与纳粹时期令人痛心的服从形式之间，是否存在联系。当然，这两个情境存在着巨大差异。但是，如果一些关键特征相似，那么，在规模、数量和政治背景方面的差异，相对而言就不会那么重要。服从存在这样一个核心事实：一个人将自己看做执行另一个人愿望的工具，因此，他认为自己无须对其所作所为负责。一旦出现这种重要的观点转变，服从所有的重要特征就会随之而来。无论是在心理学实验室中，或是导弹发射的控制室里，只要个体出现了思维调整，自愿参与到残酷行为之中，那么，个体对行为进行合理化的方式，本质上讲都是相似的。如果想要解决普遍性问题，就不能对心理学实验与其他情境的所有显著差异进行比较，而是要仔细设计一个抓住服从核心的情境，在这个情境中，一个人将自己完全交给了权威，不再认为自我和他的行为之间存在有效的因果关系。

如果在没有胁迫的情况下，一个人出现了自愿的态度，服从就会以合作的形式出现。如果以武力和惩罚来要求一个人伤害另一个人，那么，服从就来自恐惧。我们所研究的，是个体在没有威胁或其他类似现象的情况下，自愿做出的行为。这种服从通过权威的简单命令得以持续，而这位权威有控制个体的权力。本研究的基础是：无论权威施加了怎样的力量，受试者都会将自己的服从行为归因于权威，而不是归因于任何客观的威胁或肉体的控制。

受试者面临的主要问题是，一旦他作出承诺，为了主试的目标交出自己的支配程序，他该怎样做，才能重新获得对这种支配程序的控制。在本研究的情境中，这个问题所引发的困境就是本实验的特征，深刻甚至带有悲剧色彩。看到一个人面对着自己的行为所导致的结果，努力控制行为，却无法真正做到这一点，这无疑是最令人痛心的一幕。

致谢

本书所述实验，建立在一个有着75年历史的社会心理学实验基础之上。1898年，鲍里斯·塞德兹（Boris Sidis）进行了一次服从实验，之后，陆续有一些学者进行了相关的研究，比如阿希（Asch）、勒温（Lewin）、谢里夫（Sherif）、弗兰克（Frank）、布洛克（Block）、卡特威特（Cartweight）、费伦齐（French）、瑞文（Raven）、卢钦斯（Luchins）、李皮特（Lippitt）、怀特（White）等人，尽管有的研究并非专门针对服从，但对我的工作也很有启发。在社会心理学家成长的时代大潮中，阿多诺（Adorno）及其同人、阿伦特（Arendt）、弗洛姆（Fromm）对这个学科的发展做出了重要的贡献。此外，我对以下三部著作尤为感兴趣：艾力斯·康福特（Alex Comfort）的《现代国家的权威和犯罪》（*Authority and Delinquency in the Modern State*）；罗伯特·比尔斯特（Robert Bierstedt）对权威进行的详尽概念分析，以及阿瑟·库斯勒（Arthur Koestler）的《机器中的幽灵》（*The Ghost in the Machine*）。尤其是《机器中的幽灵》，与当前其他同类书籍相比，更加深入地阐述了社会等级概念。

本次服从实验开始于1960年，结束于1963年。那段时间，我正在耶鲁大学心理学系任教。心理学系不仅提供了研究设施，还提出许多值得参考的建议，在此表示感谢，特别感谢欧文·贾尼斯（Irving L.Janis）教授。

实验中的学生角色，由康涅狄格州纽黑文已故的麦克多诺（McDonough）扮演。他的表演准确而自然，是实验重要的组成部分。主试由康涅狄格州绍斯伯里市（Southbury）的约翰·威廉姆斯（John Williams）扮演，他生动地呈现出一个态度强硬的人物。此外，还有很多人参与了研究方面的工作，在此感谢阿兰·艾尔穆斯（Alan Elms）、乔·维兰德（Jon Wayland）、塔奇多·穆拉塔（Taketo Murata）、埃米尔·艾尔格斯（Emil Elges）、詹姆斯·米勒（James Miller），以及麦克·罗斯（Michael Ross）。

对于在实验中担任受试者的纽黑文和布里奇波特两地市民，我对他们心怀一种复杂的亏欠之情。

服从实验是多年之前的工作，如今对其进行重新思考并撰写于文，很多人都向我提供了鼓励和支持，在此感谢：安德勒·莫迪里亚尼博士（Drs.Andre Modigliani）、艾伦·赫斯科维茨（Aaron Hershkowitz）、雷亚·门多萨·戴梦得（Rhea Mendoza Diamond）、已故的高尔顿·奥尔波特（Gordon W. Allport）、罗杰·布朗博士（Drs. Roger Brown）、哈里·考夫曼（Harry Kaufmann）、霍华德·莱文索尔（Howard Leventhal）、尼约雷·库德卡（Nijole Kudirka）、戴维·罗森汉（David Rosenhan）、利昂·迈恩（Leon Mann）、保罗·霍兰德（Paul Hollander）、杰罗姆·布鲁纳（Jerome Bruner）

等。此外，在很多章节的撰写过程中，我得到了穆瑞·希勒（Maury Siler）和艾洛维丝·西格尔（Eloise Segal）的大力协助。还要感谢哈泼罗出版社（Harper & Row）的编辑弗吉尼娅·希鲁（Virginia Hilu），她对这本书一直信心百倍。面对我这个懒惰的作者，她最终将自己的办公室让给我，才使得这本书顺利面世。

感谢我在纽约市立大学的秘书玛丽·英格兰德（Mary Englander）和艾琳·里德尔（Eileen Lydall）以及研究助理温迪·斯坦伯格（Wendy Sternberg）和凯瑟琳·克罗（Katheryn Krogh）。

纽约市立大学的研究生朱迪斯·沃特斯（Judith Waters）是一位水平高超的画家，第八章和第九章的配图就出自她之手。

感谢伦敦犹太事务学会（Institute of Jewish Affairs），我在该学会的《偏见形式期刊》（*Patterns of Prejudice*）中，首次发表了文章“服从犯罪的命令：被迫作恶”（*Obedience to Criminal Orders:The Compulsion to Do Evil*）。感谢该协会允许我大量引用该文章中的内容。

还要感谢美国心理学会。我在该学会的会刊中首次发表了以下几篇文章：“服从的行为研究”（*Behavioral Study of Obedience*）、“服从研究中的几个问题”（*Issues in the Study of Obedience*）、“对鲍姆林德的回复”（*A Reply to Baumrind*）、“针对个人的群体压力和行为”（*Group Pressure and Action Against a Person*）、“群体压力的释放效应”（*Liberating Effects of Group Pressure*）。感谢心理学会允许我

引用这几篇文章中的大量内容。

国家科学基金会（National Science Foundation ）两次向实验提供资金支持。1960年开始的预备实验则获得耶鲁大学希金斯基金（Higgins Fund）的资助。1972-1973年，古根海姆基金（Guggenheim Fellowship）为我提供了在巴黎的工作机会，为期一年，使我得以远离学术任务，全力完成本书。

在整个实验过程中，我的妻子萨莎都伴我左右。对我而言，她的看法和理解是至关重要的。在书籍截稿前最后几个月中，我们两个人在雷姆撒大街的公寓中闭门工作，终于，在她的鼎力帮助之下，这个任务胜利完成。

斯坦利·米尔格拉姆

巴黎

1973年4月2日

第一章
服从的困境

在社会生活的结构中，服从是我们所知的最基本要素之一。任何群体生活都需要某种权威系统存在。只有离群而居的人，才不会被迫以反抗或服从的方式对别人的命令做出反应。服从作为行为的决定因素，与我们的时代有着特别的关联。我们都知道，从1933年到1945年，数百万无辜平民被系统地屠杀。为了达到这个目的，修建了毒气室和防守森严的死亡集中营，每天规定尸体定额，其效率如同批量生产产品。这些反人道政策最初可能只是某一个人的想法，只有当很多人服从命令，才会大规模地实施。

将个体行为与政治目的联系起来的是服从这一心理机制。这种行为倾向就像一个黏合剂，将一个个人类个体与权威系统捆绑在一起。很多近代史实和日常生活中的现象都表明，服从可能是很多人根深蒂固的一种行为倾向，这种优势冲动打败了我们在伦理、同情和道德行为方面所受的教育。斯诺（C.P. Snow）（1961）指出，服从的重要性在于：

回首思考漫长而灰暗的人类历史时，你会发现，以服从的名义所犯下的罪行，远多于以反抗为名的罪行。如果你对此表示怀疑，不妨读一读威廉·夏伊勒（William Shirer）的《第三帝国的兴亡》（*Rise and Fall of the Third Reich*）。德国的军官们是用最严苛的服从规范培养起来的……以服从的名义，他们参与、协助实施了人类历史上最邪恶的大规模行动。

纳粹灭绝欧洲犹太人，是无数人以服从之名所做出的令人发指的邪恶行为中最极端的例子。但是，比这一行为程度略轻的恶行在不断发生：普通市民被命令去摧毁其他人，他们这样做了，因为他们认为服从命令是他们的责任。服从权威一直被尊为美德，但当它服务于一个恶意的目标，就会改头换面，完全背离美德，摇身变成邪恶的罪。不是吗？

当权威的命令与我们的良心相冲突，我们是否应该服从？这个道德问题曾被柏拉图辩论过；曾被写入戏剧《安提戈涅》（*Antigone*）[①]，并被每个历史时期的哲学家所讨论。保守派哲学家认为，反抗是对社会结构的威胁，即使权威指令的行为是邪恶的，最好还是实施，而不是威胁权威结构。

①《安提戈涅》：古希腊悲剧作家索福克勒斯的作品。剧中描写了俄狄浦斯的女儿安提戈涅不顾国王克瑞翁的禁令，将自己的兄长、反叛城邦的波吕尼刻斯安葬，而被处死；而一意孤行的国王也招致妻离子散的命运。安提戈涅被塑造成维护神权/自然法、不向世俗低头的伟大女英雄形象，激发了后世的许多思想家如黑格尔、克尔恺郭尔、德里达等的哲思。《安提戈涅》（*Antigone*）在古希腊语中的字面意思是“不屈服、不妥协”。——编者注

霍布斯[1]对之进一步阐述道：这种行为的责任绝不应该归因于执行者，而是应该归因于发出命令的权威。但是人文学者认为，在此类事件中，个人的意识占据首位。他们坚称，个人的道德判断如果与权威之间发生冲突，个人判断应该高于权威。

对服从从法律和哲学的层面进行探讨固然重要，但作为一名以经验为基础的科学家，我希望从抽象的讨论转向对实际案例的细致观察。为了近距离观察服从行为，我在耶鲁大学设计了一个简单的实验，最后，这个实验发展到有一千多人参与，在数所大学进行了重复实验。但是我的最初理念其实非常简单：一个人来到心理学实验室，被要求做出一系列的行为，这些行为的强度逐渐加强，开始与他们的道德意识相违背。这里所要探讨的主要问题是：如果参与者服从实验人员的指挥，这种服从行为到底会持续到什么程度，他才会作出反抗。

首先向读者介绍本实验的更多细节。两个人来到心理学实验室，进行一项名为记忆与学习的实验研究。其中一个人被指定为“教师”，另一个则是“学生”。实验人员对实验目的的解释是：本实验研究的是惩罚对学习效果的影响。学生被领到一个房间，坐在椅子上，他的手臂被绑起来，防止做出过激活动。然后，将一个电极与他的手腕相连。实验人员告诉他，他将在实验中学习一组单词配对，每出现一次错误，就要

①霍布斯（Thomas Hobbes，1588—1679），英国政治哲学家，拥护君主专制，提出社会契约说，主要著作有《利维坦》。——编者注

受到一次电击，随着错误的出现，电击强度不断加大。

事实上，这个实验真正的关注点不是学生，而是教师。教师目睹学生被绑在椅子上后，被带到主实验室，坐在一个非常醒目的电击器面前。电击器最主要的特征，就是水平排列的30个开关，从15伏特一直到450伏特，以15伏特递增。每个开关还有一行文字提示，从“轻度电击”一直到“危险—强烈电击”。教师被告知，他将对另一个房间中的学生进行学习测试。如果学生的回答正确，教师就继续下一个问题；如果回答错误，教师就要对他进行一次电击。电击要从最低电量15伏特开始，然后，学生每答错一个问题，就增加一个电击程度，到30伏特，再到45伏特，依此类推。

在实验中，教师是不知情受试者；而学生，或者说受害者，其实是一个演员，他并不会真正受到电击。实验的真正目的，是了解在可测量的具体情境下，受试者的行为可以持续到什么时候。在这个情境中，他被要求向一名反抗的受害者施加越来越强烈的痛苦，他会在哪个时刻拒绝服从主试的命令？

随着实验的继续，接受电击的学生开始表达不适感，冲突就在此刻出现。在75伏特，学生会嘟囔；在120伏特，学生会进行口头抱怨；在150伏特，他会要求停止实验。随着电击强度的加大，他进行了持续的抗议，强度和情绪不断加强。到了285伏特，他的反应只能用“极度痛苦的尖叫”来形容了。

亲眼目睹实验的人都清楚，这个实验过程的震撼性难以用笔墨形容。对于受试者而言，这个情境并不是一个游戏，冲突是强烈而明显的。一方面，面对学生表现出来的痛苦，受试者倍感压力，想要放弃。另一方面，作为合法权威的主试命令他继续，而他觉得对主试负有某种责任。每次当受试者犹豫是否继续电击时，主试都命令他继续。如果受试者想要摆脱这种状况，就必须明确地与权威决裂。这个研究的目的是找出面对一个明确的道德上的命令，人们会在什么时候反抗权威，又会如何进行反抗。

当然，与士兵在战争中执行指挥官的命令相比，执行主试的命令是完全不同的事情。但是，不同的情境中会存在一些相同的本质要素，因为我们可能会以一种更广义的方式，提出这个问题：当合法权威命令一个人伤害他人，他会怎么做？对于军队和实验室的不同环境，我们可能会这样想：主试的权威远比将军小，他无权强制他人执行命令。参加一次心理学实验，很难激发战争时刻的紧迫感和奉献精神。但是我认为，虽然这个情境存在局限性，也非常普通，但我们有必要以此为起点，开始对服从进行仔细的观察。我希望借此推动我们在这个问题上的认识，找到适用于不同情境的普遍性命题。

读者对这个实验的第一反应可能是疑惑：一个具有正常心理状态的人，怎么会对他人进行电击，即使是最轻度的电击，也是不应该做的事情。他为什么不简单地拒绝，然后走出实验室？但事实是，没有任何一个人这么做。受试者来到实验室是为了帮助进行实验，他自愿地开始整个程序。这一点并没有什么奇怪的地方，而且，接受电击的学生，在最初似乎是持合作的态度，只是有点紧张。真正令人吃惊的，是普通人对主试指挥的服从程度。的确，实验结果令人震惊而沮丧。尽管很多受试者感到极度紧张，很多受试者都向主试表达了抗议，但很大一部分受试者坚持到了最后，对学生施加了电击器上最强级别的电击。

无论被电击的学生提出多么激烈的请求，无论电击看起来造成了多大的痛苦，无论学生多少次请求离开，很多受试者都服从了主试。在我们的实验中以及在几个大学进行的重复实验中，这一幕反复出现。成年人完全自愿、无限制地服从着权威的命令——这就是本次研究最重要的发现，也迫切需要我们对之进行剖析。

人们通常会这样解释：那些施加了最强烈电击的人是魔鬼，是社会中最残忍的极端分子。但是，本次实验的受试者来自员工、管理者和专业人士三个职业类别，近三分之二被定义为服从受试者，他们代表的不是魔鬼，而是普通群众。因此，这种解释并不正确。说到这里，我不由得想起汉娜·阿伦特[①]1963年出版的《耶路撒冷的艾希曼》（*Eichmann in Jerusalem*）[②]。阿伦特坚持认为，将艾希曼形容成一个可怕的恶魔，是一个根本性的错误。事实上，艾希曼更像是一名毫无激情的官僚，他的工作就是坐在办公桌前，完成自己的工

①汉娜·阿伦特（Hannah Arendt，1906—1975），原籍德国，20世纪最伟大、最具原创性的思想家、政治理论家之一，主要著作有《集权主义的起源》《人的境况》等。——编者注

②《耶路撒冷的艾希曼》：阿道夫·艾希曼，纳粹德国军官，曾在屠杀犹太人中扮演重要角色，战后化名逃往阿根廷，1960年被以色列特工抓获，1961年在耶路撒冷接受审判。阿伦特作为《纽约客》的特派记者前往报道，最终形成了这本书。通过对艾希曼的了解与观察，阿伦特断定被人们描绘成十恶不赦的“恶魔”的这个人，仅仅是一个平凡无趣、近乎乏味的人。由此，阿伦特提出了一个著名的观点：平庸的恶。艾希曼之所以签发处死数万犹太人的命令，原因在于他根本不动脑子，他像机器一般顺从、麻木和不负责任。——编者注

作。阿伦特的这个观点，让她饱受蔑视乃至诽谤。人们会认为，一个人如果做出像艾希曼那样的魔鬼行为，应该具有残忍、扭曲而虐待狂般的性格，是真正的恶魔化身。但是，当我看到数百名普通群众在我的实验中服从了权威，我必须说，阿伦特提出的“**平庸的恶**”（banality of evil）的概念，更接近真相，其接近程度，超过了任何人的想象。这些普通人电击受害者，是出于一种责任感，作为受试者的责任，他们本人不带有任何攻击性的特别倾向。

这可能是本研究最根本的启示：那些只是做着分内事、内心并不带有特别的敌意的普通人，可能会在可怕的毁灭性活动中充当帮凶。此外，即使被要求做出完全不符合基本道德规范的行为，即使他们的行为所造成的毁灭性影响显而易见，很少有人能找到办法反抗权威。各种抑制反抗的机制占了上风，并且成功地让人们维持在这种状态。

站在旁观的立场去谴责服从受试者的行为，自然很容易。但是，那些谴责受试者的人，是用他们自己有能力形成高尚的道德这一标准在进行衡量。这很难说是公平的标准。很多受试者，在口头陈述自己的观点时，也像我们一样强烈地认为，需要用道德压制住伤害无助受害者的行为。总体而言，他们也知道，面对这种情况时应该怎样做，并且能够表达他们的价值观。但这只是口头表达，与他们在环境压力下的实际行为没有多少关系。

在这种情境中，什么才是正确的行为？如果让人们从道德的角度进行判断，相信所有人都会认为反抗才是正确的。但是在真实情境的发生过程中，价值观不是唯一起作用的力量；一个人会受到多种力量的冲击，价值观是这些力量中的一股小力量。很多人在实验过程中无法感知到自己的价值观，他们并不认同自己的行为，但却发现自己继续着实验。

与个人道德感的力量相比，社会让我们相信的那些规则更具效力。虽然“你不该杀人”这样的信条在道德秩序中占据着显著位置，但在人类的精神结构中，这一信条的位置却无踪可寻。当新闻标题出现变化，当征兵局发出召唤，当肩膀上戴着军章的人下命令，人们就会毫不困难地走向杀戮。甚至是一个心理学实验，它的力量也足以让一个人远离道德的控制。通过对信息和社会场的估量和重建，道德因素被相对轻松地抛到一边。

那么，是什么原因导致受试者服从主试呢？首先，一系列的“绑定因素”将受试者锁定在这个情境中。比如：待人的应有礼貌、希望兑现最初向主试作出的承诺，以及中途退出所带来的窘迫感。其次，受试者的思维过程出现了一些调整，削弱了他与权威决裂的决心。这种心理调整帮助受试者保持了与主试的关系，同时减轻了实验冲突所带来的压力。当权威指示受试者伤害无助个体时，服从的受试者通常就会出现这样的思维过程。

有这样一种心理机制：个体容易完全陷入任务的狭隘技术层面之中，以至于无法看到任务所产生的广义后果。电影《奇爱博士》（*Dr. Strangelove*）以高超的讽刺手法，讲述了一个轰炸部队如何狂热地研究向一个国家投放核武器的技术程序的故事。与之类似，在本次实验中，受试者也融入到了实验程序之中，他们精确地读出了单词配对，然后非常认真地按下开关。他们想要做出合格的表现，但伴随而来的是，减少了对道德的关注。至于指定目标和道德评估之类的更广泛任务，受试者交给了他正在为之服务的实验权威。

服从受试者最常见的思维调整是：他认为自己不必承担自身行为的责任。他将所有的主动权完全交给主试这个法定权威，从而推卸掉了自己的责任。他把自己视为一个外部权威的代理人，而不是一个以道德责任行动的个体。在实验后的采访中，我们问服从的受试者为什么继续实验，一个普遍的回答是："如果就我自己，我是不会这样做的；我只是在做我被要求做的。"由于无法摆脱主试的权威，受试者就将所有的责任归咎于主试。在纽伦堡审判中，那些战犯也是反复用"我只是完成职责"为自己辩护。如果你认为这种说法只是捏造的自我辩护，站不住脚，那么你就错了。相反，当人们被困在权威结构的从属位置时，这是大多数人的最基本想法。责任感的消失，是服从权威影响最深远的后果。

尽管一个人在权威的命令下，会做出看似违背良心的行为，但是不能说他失去了道德感，他只是完全转变了关注点。他不再从道德的角度对行为作出反应，道德关注转向了另一个关注：如何达到权威对他的期望。在战争时期，士兵不会问轰炸村庄的行为是好是坏，他在摧毁村庄时不会有罪恶感；相反，根据自己对指派任务的完成情况，他感受到的是骄傲或羞愧。

在这种情境下，另一个起作用的心理力量可以称为反人类变体特性（counteranthropomorphism）。数十年来，心理学家一直在探讨人类的一种原始倾向：将无生命的物体和力量赋予人类特征。但是，还存在一种与之相反的倾向，那就是：将本质上源自人类并由人类维系的力量，赋予非人类特征。很多人将人类构建的系统，摆在了高于人类的地位，认为系统超越人类思想和感受的控制，否认各种机构和制度背后的人类因素。因此，当主试说："实验需要你继续"，受试者就觉得这是一个超越了人的指令的命令。他没有问一些显而易见的问题，比如，"这是谁的实验？为什么为实验设计者服务的方法是让受害者痛苦？"一个人——实验设计者——的愿望已经成为一个框架中的一部分，在受试者心中，这种愿望的力量超越了实验设计者个人。一名受试者在实验中曾经反复说："必须继续，必须继续。"他没有意识到，想要实验继续的，其实是像他这样的一个"人"。在他的思维中，人已经消失，"这个实验"本身拥有了一种超越人类的力量。

任何一种行为的心理学特征都是在不断变化的。将行为放在一个不同的背景之中，就可以改变它的意义。一份美国报纸最近引用了一名战斗机飞行员的言论，他承认美国人轰炸了越南人，伤害了男女老幼。但他感觉这种行为有着神圣的原因，因此是合法行为。同样，这项实验中的大多数受试者在看待自己的行为时，将之放在一个对社会有利、有用的更大的情景中——追求科学真理。心理学实验室有强有力的合法性，来此进行实验的人会产生信任和信心。单独来看，电击受害者的行为似乎是罪恶之举，但是放在这个情景中，就获得了完全不同的意义。但是，任由情景主导行为，忽视行为的人类后果，这是一件极端危险的事情。

纳粹德国情境中有一个重要特征，本实验没有对之进行研究，那就是：在伤害受害者之前，对其进行强烈的价值贬低。纳粹进行了持续十多年的强大反犹太宣传，系统化地让德国人准备好接受对犹太人的摧毁。一步一步的，犹太人不再是公民，不再属于这个国家，最终被完全否定了人类的身份。对受害者的系统化贬低，为残忍对待受害者提供了一个心理辩护方法，它与大屠杀、残害行为和战争伴随发生。很有可能，如果我们以令人信服的方式，将本实验中的受害者描述成残忍的罪犯或堕落者，受试者在电击受害者时会更加释怀。

但是，实验中出现了一个非常重要的现象，很多受试者会**在伤害学生之后**，对其进行强烈的贬低，“他太愚蠢和顽固了，就应该被电击”这样的话并不少见。在做出伤害行为之后，受试者觉得必须将受害者看成一个毫无价值的人，之所以对他进行惩罚，是他的智力和性格缺陷所导致的必然结果。

从某种意义上来讲，很多受试者并不认可他们对学生做出的行为。很多人在服从命令的同时，会作出抗议。但是，想要真正做出反抗恶意权威的行为，除了想法和语言表达，还需要另外一个关键因素：将信仰和价值观转化为行动。很多受试者完全认为自己的行为是错误的，但却无法与权威进行公开的决裂。在思想和语言层面进行的反抗会带来些许满足感，让他们觉得至少是在内心深处站在了天使这一边。但是，他们没有意识到的是，主观感受如果未能转化成行动，就很难以道德对其进行定义。即使是政治控制，也必须通过行动才有效力。对于集中营的士兵而言，无论他们有着怎样的态度，都不会有任何结果，事实的结果就是：他们默认了发生在眼前的屠杀无辜者的行为。相类似的，纳粹占领区的欧洲曾出现了所谓的“知识分子抵抗运动”（intellectual resistance），参与者们通过转变思想觉得他们对侵略者进行了反抗。但事实上，他们只是沉迷在心理机制的自我安慰之中。这种缺乏信心的人根本没有将信仰付诸行动的勇气，正是因为这种人的存在，独裁者才永远都无法消失。在实验中，人们不停地否定自己的行为，但却无法集合内在力量，以行动表现他们的价值观。

本实验的一个变体呈现了一个比上述描述更常见的困局：受试者不需要按下开关电击受害者，只执行次要行动（主持单词配对测试），电击行为由另一名受试者完成。实验结果是，在纽黑文的40名成人受试者中，有37人坚持到电击器最大强度的电击。很显然，受试者为自己的行为找到了借口，将责任推卸给了按下开关的另一名受试者。推而广之，在复杂的社会环境中，这个变体可能代表了一种典型的危险情境：如果一个人只是邪恶行为链条上的一个环节，远离行为的最终结果，在心理上更容易忽略自我的责任。即使是艾希曼，在视察集中营的时候也感到非常不舒服；但是当他坐在桌子前翻动各种文件，却可以没有丝毫困难地参与到大规模屠杀之中。与此同时，将毒气弹扔进毒气室的集中营士兵，他们会认为自己只是执行来自上级的命令，将这种行为合法化。通过这种方式，整个人类行为被分解成了片段，没有一个人是邪恶行为的决策者来直面行为的结果。对行为负有全部责任的人消失了。也许，这就是现代社会中有组织恶行的最常见特征。

因此，服从问题并不完全是一个心理问题。社会的形式、形态以及发展方式，都与服从有着很大的关系。也许曾几何时，人类在任何情境中都能作出完全人性化的反应，因为他们是以“人”的形式融入其中。但是，一旦社会出现劳动分工，事态就出现了改变。跨过某个临界点，社会就分裂成了人们在各自的部分中执行局限性的具体工作的局面，这消除了人们工作和生活的人性特征。个体看不到整体情境，他只是其中的一小部分，如果缺少整体方向，个体就无法采取行动。他向权威屈服的同时，也就与他的自我行为疏离了。

乔治·奥威尔①抓住了这种情境的核心，他写道：

在我写作的此刻，高度文明的人类正开着飞机掠过我的头顶，试图杀了我。他们对我个人没有任何敌意，我对他们也没有，他们只是像老话说的那样“恪尽职守”。我毫不怀疑，他们中大多数人都是遵纪守法的好心人，在个人生活中从未想过杀人这种事情。但是，如果他们中的某个人成功地用炸弹把我炸成碎片，也绝不会因为这件事情而夜不能寐。

---

①乔治·奥威尔（George Orwell，1903—1950），英国记者、小说家、散文家和评论家，以敏锐的洞察力和犀利的文笔审视和记录了他所生活的那个时代，作出了许多超越时代的预言，被称为“一代人的冷峻良知”。其代表作有《动物庄园》和《一九八四》。——编者注

第二章
研究方法

想要提高科学研究的效率，简单是关键。研究心理学相关主题时尤该如此。首先，心理学事件的特征非常难以把握；此外，随着调查的深入，可能会产生更多的方面，变得越来越复杂。复杂的程序只会妨碍我们清楚审察现象本身。为了以最简单的方式研究服从，我们必须创造一个情境。在这个情境中，一个人命令另一个人做出一种可见行为，我们必须记录服从在什么情况下发生，在什么情况下不发生。

如果想要测量服从的强度和影响服从的各种条件，就必须让它与一个导向不服从方向的强大因素相对抗，这个因素中的人性含义应该清晰无疑。

在人类的社会中，最广为接受的一个道德原则就是：不应该向一个无害、无威胁的无助个人施加痛苦。我们将这个原则作为实验中服从的反作用力。

一个人来到我们的实验室后，将被要求以不断升级的方式伤害另一个人。在这个过程中会不断积累压力，达到一个预先未知的点，受试者可能就会拒绝执行命令，脱离实验。这个破裂点之前的行为被定义为“**服从**”，破裂点就是**反抗**行为。我们需要测量的，就是这个点在一系列命令中出现的时间。

伤害受害者的形式并不是本研究的重点。由于技术原因，我们选择了电击的方式。这应该是一个比较恰当的选择。首先，电击强度可以逐步加强，受试者很容易了解这个概念；其次，在实验室的常规科学环境中，使用电击可以保证一致性。此外，在实验室中激发受试者做出电击的行为相对比较容易。

现在，让我们来详细介绍本实验研究的程序细节。

寻找受试者

人数最多、最容易招募受试者的群体，就是耶鲁的大学生。心理学实验通常都会选择大学生做受试者。但对本次实验来说，选择知名大学的学生似乎并不合适，因为存在这样的可能性：耶鲁的学生受试者在结束实验后，可能会将实验内容告诉潜在的受试者。此外，学生具有群体相似性，都是20岁左右，受过高等教育，熟悉心理学实验。我需要从更广泛的分类背景中，寻找不同类别的受试者。我的面前就有一个具有广泛性的群体，那就是，纽黑文市的30万市民。

为招募受试者，我们在地方报纸上登了一个广告，寻找不同职业的人参加一项学习和记忆研究。每个人可得4美金的酬劳，外加50美分的车费，实验时间1小时。

招募启示

占用您1小时，奉上4美金酬劳

记忆研究需要您

*我们正在进行一次记忆和学习的科学研究，需要500名纽黑文市男士参与实验。实验地点为耶鲁大学。

*实验将持续1小时。每名参与者都将获得4美金的酬劳（外加50美分车费）。只占用您1小时，不承担其他责任。时间可选（晚上，周末或工作日）。

*无须特别的能力、教育或经验背景。我们需要：

工厂工人	商人	建筑工人
城市雇员	公务员	销售人员
劳动工人	专业人员	白领工人
理发师	电话工人	其他

年龄要求在20—50岁之间，在校高中生或大学生请勿应征。

*如果您满足以上条件，请填写下面的申请单，寄回纽黑文市耶鲁大学心理学系的斯坦利·米尔格拉姆教授，之后将通知您具体的实验时间和地点。我们有权拒绝任何申请。

*从您进入实验室那一刻算起，我们将向您支付4美金（包括50美分的车费）。

至：

康涅狄格州纽黑文市耶鲁大学心理学系斯坦利·米尔格拉姆教授。我希望参加这个记忆和学习研究。我的年龄在20—50岁之间，我参与实验并将获得4美金（外加50美分的车费）酬劳。

姓名（请打印）：……………………………………

地址：……………………………………

电话：………………接电话的最佳时间：………………

年龄：………………职业：………………性别：…………

参与时间：……………………………………

工作日：…………晚上…………周末…………

图1：在当地报纸刊登的招募受试者广告

我们共收到了296封回复。但对本实验来说，这个数量并不够。为此，我们还使用了一种辅助方式：发邀请信。从纽黑文市的电话簿中抽取人名，然后向数千名居民发出了邀请信，回复率大约为12%。我们将符合性别、年龄、职业要求的回复者，组成了一个受试者池，然后与每名参与者约定了具体时间。

常见的受试者职业背景为：邮局职员、高中教师、销售员、工程师和体力劳动者。受试者的教育水平各不相同，有人高中肄业，有人获得了博士学位，有人拥有职业证书。我仔细设计了几个实验情境（基础实验的变体），确保每个情境在年龄和职业类型方面都能达到平衡。每个情境的职业构成为：工人（技术工人和非技术工人）40%，白领、销售和商业人员40%，专业人员20%。每个职业又分成3个年龄组（在每个实验情境中，20—30岁占20%，30—40岁占40%，40—50岁占40%）。

场地和人员

实验地点选在耶鲁大学气派的交互实验室。之所以选择这里，主要是为了让实验看起来更加真实合理。在后续的变体实验中，我们还选择了大学校园外的实验地点（见第六章）。主试的扮演者是一名31岁的高中生物教师。他穿着灰色的技术人员外套，外表看上去非常严厉，在整个实验过程中都作出冷冰冰的表情，不流露任何情感。受害者的扮演者是一名47岁的会计，爱尔兰裔美国人，给人的印象温和而亲切。为了让表演更逼真，我们对他进行了培训。

图2：“受害者”

程 序

每个实验的参与者都包括一名不知情的受试者和“受害者”。为了向不知情的受试者证明电击行为的合理性，我们必须设计出一个借口（合法权威和他所发出的命令之间，必须具有可感知的联系，无论这种联系多么脆弱。只有这样，处于从属地位的人才会服从命令）。为了将受试者引入这个情境，以便对其服从行为进行评估，主试作了以下的介绍：

关于学习知识的问题，心理学界目前有一些理论。

一些比较知名的理论就写在这本书中（向受试者展示一本关于教学与学习过程的书）。

其中一种理论认为：在学习的过程中，如果人们在犯错的时候接受惩罚，学习效果就会更好。

这种理论在现实中就有应用：父母在孩子犯错时会打孩子的屁股。

他们希望通过这种惩罚方式让孩子记住错误，使他们的学习更有成效。

但是，这种惩罚方式对学习的具体效果到底怎样，我们知之甚少。几乎没有以人类为实验对象进行过真正的科学研究。

比如，我们不知道何种程度的惩罚对学习最有效；我们也不知道，如果惩罚的施加者不同，会带来多大程度的不同结果。成年人接受更年长或更年轻的人的惩罚，是否比接受同龄人的惩罚更好，诸如此类的问题。

因此，我们正在进行的这个实验项目，就是将不同职业和年龄的人放在一起。其中的一些人作为教师，一些人充当学生。

我们想了解的是，不同人担任教师或者学生的角色，会对彼此产生怎样的效果，还要找出在不同的情况下，惩罚会对学习产生怎样的影响。

下面，你们两个人中有一个人将是老师，另一个是学生。

你们希望扮演什么角色？

（受试者和伪受试者被允许表达个人的偏好）

我想，最公平的方法，就是在两张纸条上分别写上“教师”和“学生”，然后进行抽签。

（受试者先抽签，然后是伪受试者）

你们抽到了什么角色？

好。接下来我们首先让学生就位，让他在实验中接受某些类型的惩罚。

请两位一起和我去旁边的屋子。

抽签是虚假的，因为两张纸条上写的都是“教师”，受试者先抽，伪受试者就顺理成章地扮演学生。抽签过后，学生和教师立刻被带到隔壁房间，这里摆着一张“电椅”，上面有一些皮带。学生被绑到“电椅”上。

主试解释道，这些皮带的目的，是防止学生在实验过程中被电击时出现剧烈动作。这个设计是为了让受试者产生这样的印象：学生不可能脱离实验。主试在学生的手腕上绑上电极，还抹上了防止电击造成水泡和烫伤的电极糊。此外，主试告诉受试者，电极与旁边屋子里的发电机相连。

为了强化实验的可信度，学生会问电击是否会有危险，主试的解释是：“尽管电击可能非常疼，但不会造成永久的组织损伤。”

学习任务

受试者要做的，就是主持一次单词配对学习任务。受试者向学生读出一系列的单词配对，然后再重新读出这个配对的第一个单词，给出四个选项，让受试者选择正确的一个。比如，受试者读出：

blue box

nice day

wild duck

等等

然后再按照实验的程序读出：

blue——sky，ink，box，lamp

学生的面前有4个选项按钮，在电击器上方则有一个圆形答案显示器，分成4等分，每个等分上都标着一个选项。学生要从这4个选项中，选出之前听到的正确单词搭配，按下对应的按钮，答案显示器上相应的答案就会发亮。

电击器

电击器面板上水平排列着30个电击开关。每个开关都清楚标注着伏特数。从左到右最低为15伏特，以15伏特递增至450伏特。此外，这些开关每4个一组，每组下面从左至右以文字标注着：轻度电击、中等电击、强电击、超强电击、重度电击、超重度电击、危险—剧烈电击，最后两个开关下面只写着XXX。

按下一个开关，开关上面的红灯立刻亮起，电流声嗡嗡作响。一个标着“通电”的蓝灯闪烁不停，电压表上的指针跳到右侧，各种继电器咔嗒作响。

电击器左上角有一个商标：电击器，型号：ZLB，生产商：马萨诸塞州沃尔瑟姆蒂森设备公司，输出功率15—450伏特。

电击演示

正式开始实验之前，每名受试者都会进行一次电击演示。演示的电击强度设定在45伏特，按下电击器上的第三个开关即可，电击的是学生的手腕。震动会让受试者更加相信电击是真实的。

电击指导

主试告诉受试者，每当学生给出错误答案，就要对学生进行一次电击。主试接着给出一个关键的指令：“每次学生出现错误答案，就要提高一个电击强度。”此外，在进行电击前，教师要读出电压数。这个要求的目的是提醒教师，向学生施加的电击强度在不断地加大[①]。如果受试者达到了第30个级别的电击（450伏特），他要继续使用这个最强的电击。在又进行两次测试后，主试表示，实验正式开始[②]。

主试敦促

在实验过程中，受试者可能会在是否继续电击的问题上向主试寻求建议，或者表现出不愿继续的态度。在这种情况下，主试会作出一系列强度不同的“敦促”，让受试者继续进行实验。

敦促1：请继续，或者，请接着做。

敦促2：实验需要你继续。

敦促3：继续实验非常重要。

敦促4：你没有选择，**必须**继续。

---

①实验初期的常规程序。预备实验显示，受试者需要一些训练，才能掌握阅读单词和进行电击的程序。因此，在实验正式开始之前，教师会向学生读出10组单词配对，进行练习。学生会正确回答3组，错误回答7组，教师对学生施加电击至105伏特（中等电击）。测试程序结束之前，几乎所有受试者都掌握了实验方法。然后，我们会向受试者提供第二个单词表，告诉他们，接下来的正式实验与之前的程序相同。但主试还说：“读到单词表末尾后，请从头开始再次阅读单词表，在学生错误的时候继续施加电击，直到学生正确掌握了所有的单词配对。”主试还这样指导受试者：“从15伏特开始，每当学生给出一个错误答案，都要增加一个强度。”——作者注

②坚持到最高30级电击级别的受试者中，没有人拒绝继续进行电击。——作者注

图3

电击器

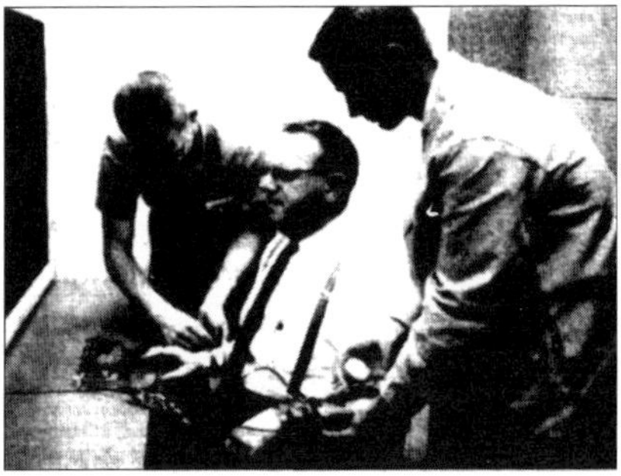

学生被绑在椅子上

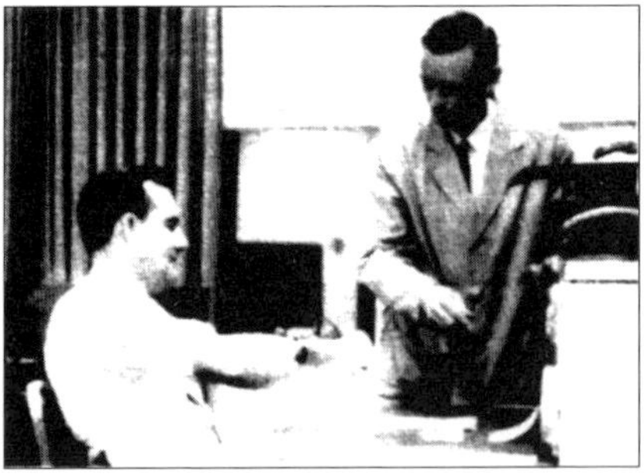

受试者进行电击演示

受试者停止实验

主试按照上面的顺序进行敦促。如果敦促1无法达到效果，就使用敦促2。如果在敦促4之后，受试者仍然拒绝服从主试，主试就会停止实验。主试的语气始终都很坚决，但比较礼貌。每当受试者出现犹豫或者不愿服从命令的态度，主试就会按照顺序使用敦促，并且循环使用。

特别敦促

如果受试者询问，学生是否会出现永久性身体伤害，主试回答：

尽管电击可能比较疼，但是不会造成永久性组织损伤，所以请继续。（必要情况下，再加上敦促2、3、4）

如果受试者表示，**学生**不想要继续，主试回答：

无论学生是否喜欢，你都必须继续，直到他学会所有的单词配对。因此，请继续。（必要情况下，再加上敦促2、3、4）

受害者反应

在所有情境中，学生对单词配对测试的回答模式都已经提前准备好。基本模式为：每三次错误答案后，给出一个正确答案。

受害者的反应是本实验情境中的关键，需要进行仔细设计。在正式实验之前的预备实验中，受害者并没有发出任何声音。当时我们认为，控制面板上的文字和伏特数，足以让受试者产生压力，降低他的服从。但是，事实并非如此。由于缺少学生的反抗反应，预备实验的结果是，主试下达命令后，几乎所有受试者都毫无顾虑地坚持到最大功率电击，对文字提示毫不在意。我们无法通过这种没有差异性的结果衡量服从倾向。必须在实验情境中加入一种力量来强化受试者对主试命令的反抗，让受试者呈现出各自不同的决裂点。

这种力量就是受害者的反抗。最初，只是引入了温和的抗议形式，但是事实证明这并不够。我们在接下来的实验程序中，加入更加激烈的反抗。让我们惊愕的是，即使受害者做出最强烈的反抗，很多受试者仍然继续实验，按照主试的要求，对学生进行最严厉的惩罚。但是，抗议确实降低了使用最高电击的比例，受试者的表现也呈现出了差异性。因此，我们将受害者的喊叫录在磁带中，纳入到常规的实验程序之中。

这一状况不只表明找到可行实验程序的技术难度，还说明，受试者服从权威的程度远超过我们的预期。此外，它还表明，在控制受试者行为方面，受害者的反应是一个重要因素。

受害者会根据电击器上每个具体的伏特数，做出相应的语言反应。我们很难在此描述受害者全部的反应过程，因为无法用文字准确体现声音的强度、时机和整体效果。总体而言，受害者在75伏特电击之前不会做出反应。到了75伏特、90伏特和105伏特时，会发出不快的嘟囔声。到了120伏特，受害者会对主试喊叫，表示电击开始让他感到痛苦。到了135伏特，受试者会听到痛苦的呻吟；150伏特，受害者会喊叫：

“主试，让我离开这儿！我不想再继续这个实验了！我拒绝继续！”这种喊叫的强度逐渐加强，到了180伏特，受害者会喊：“太疼了，我坚持不下去了！”到了270伏特，他对电击的反应只能形容为“极度痛苦的尖叫”。从150伏特起一直到最后，学生都会坚决表示要离开实验。到了300伏特，受害者绝望地喊叫，说他不会再对记忆测试作出任何回答。

我们发现，在300伏特这个节点，受试者通常会转向主试寻求指导。主试对受试者的回应是：不回答也视为错误答案，按照实验的程序继续对学生进行电击。主试建议受试者，在学生拒绝回答之后，等上5—10秒的时间，然后再提高电击程度。在315伏特，学生在进行一番痛苦的喊叫后，重申他已经不是实验的参与者，不会再对受试者的提问作出回答。每次电击后，他都会发出痛苦的尖叫。330伏特之后，学生不再作出任何反应，答案显示器上也不再出现任何答案。

测 量

我们测量的最重要数据，就是受试者拒绝继续之前做出的最大电击。这个数据的值介于0（在实验最开始的时候拒绝进行电击）到30（使用了电击器上最强的电击）之间。

实验后访问和解说

实验的最后还有一个重要的程序，我们会对所有受试者执行一个细致的实验后步骤。根据各个实验情境的不同，这一部分的具体内容也有所差异，我们在这方面的经验也在不断积累。但至少，我们会告诉所有受试者，受害者并没有被真正电击。受试者会与毫发无损的受害者进行友好的会面。接着，实验人员会与受试者进行更加深入的探讨。对反抗的受试者，我们在讨论中会支持他们的反抗决定。对服从的受试者，我们会指出，他们的行为完全是正常的，他们所感受到的冲突或者紧张，其他的参与者也有着同样的经历。此外，我们还告诉受试者，在实验系列结束之后，他们将收到一份综合报告。在一些案例中，我们还需要与某些受试者就此次实验进行详细而长时间的讨论。

实验系列结束后，受试者会收到一份详细介绍实验程序和结果的书面报告。对于他们在实验中所扮演的角色以及做出的行为，我们再次表示了充分的尊重。我们还向每位受试者寄去了后续调查问卷，对他们的实验参与情况进行调查，再一次允许他们表达对自己行为的看法和感受。

要点重述

在本实验的情境中，面对来自社会范畴的两个相互矛盾的命令，受试者必须解决它们之间所产生的冲突：或者继续服从主试的命令，用强度不断增加的电击伤害学生；或者因为学生的请求而拒绝服从主试的命令。主试权威的作用场并非畅通无阻，被惩罚的学生不断加强的抗拒，是权威力量的反作用力。

这个实验室情境提供了一个框架，我们就是在这个框架中，研究受试者对实验中根本冲突的反应。冲突的一方是主试给出的继续电击命令，另一方是学生不断加强的结束实验请求。服从权威的程度取决于很多因素，本研究的关键点是系统地改变这些因素，了解在什么情况下，最有可能出现对权威的服从，什么情况下会出现反抗。

实验情境的作用是将服从在更大的社会范围中发生所需要的因素进行浓缩，将这些关键因素带到一个相对狭小的舞台，以便对其进行科学研究。这个实验情境的说服力来自这样一个事实：我们能够看到，受试者也能感受到，两种相互对抗的力量的同时作用；而在更大的社会范围中，两种对抗的力量同时作用的情况很少发生在受试者身上。

第三章 预期行为

社会科学的研究成果通常被认为具有不证自明的特征，这降低了研究成果的价值。但是，在一系列给定的环境中的行为，人们到底有着怎样的预期，我们却鲜有了解。如果能获得相关信息，就可以将其与本次研究的实际结果相比较，作为一个标尺，判断实验结果是否具有价值。此外，如果人们的预期行为和实际行为之间有差别，就会给我们提出一个有趣的问题：如何解释这种差别。如果出现差别，预期可能就是一种错觉。我们必须了解这种错觉到底是无知的偶然表现，还是在社会生活中起到了确切的作用。

在本实验中，了解行为预期的方式非常直接。首先，我们寻找了若干受访者，然后分别对每组人进行了一次服从权威主题报告。在报告过程中详细描述服从权威实验，但是没有披露实验结果。我们展示出电击器的图片，解释控制面板上的文字和电击强度，然后要求每位受访者对实验进行思考，再以不公开的形式，写下他们预期自己在实验中会做出怎样的表现。三组受访者分别为：心理学家、大学生、不同职业的中产阶级成年人。

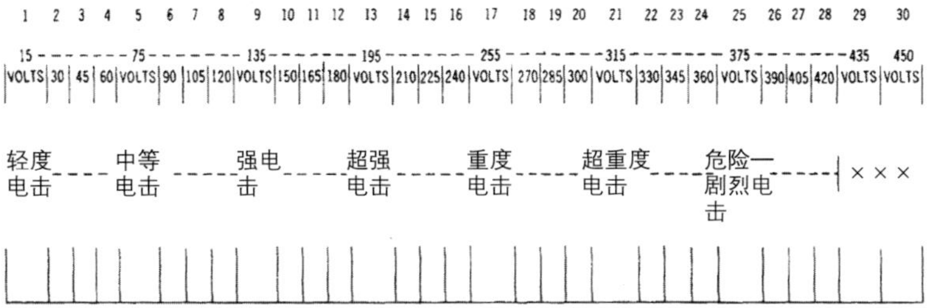

图4：控制面板图示

表1总结了受访组预测的不服从决裂点。

所有的110位受访人都认为，他们会在实验程序中的某个点停止服从主试。人们对反抗行为的解释通常为：

“……我本人很害怕被电击，我不能向一个正在抗议的人做这种事情，因为我正在让他感到痛苦。我不能主动伤害一个纯粹的陌生人。”（最高预期电击：90伏特）

“我认为，无论是要做什么实验，都不值得向另一个人施加强烈的电击。受试者已经作出反应，向我表示他正在经历痛苦，我不能向他施加这种痛苦。受试者要离开实验的时候，我会尊重他的选择。”（最高预期电击：135伏特）

“……我无法忍受看到别人痛苦。如果学生想要出去，我会让他走，不再让他经受这种痛苦。”（最高预期电击：150伏特）

表1：个人的预期决裂点

电击程度	文字解释和伏特数	心理学者（39人）	大学生（31人）	中产成年人（40人）
	轻度电击	2†		3†
1	15	1		
2	30			
3	45			1
4	60	1		1
	中等电击			
5	75	6	4	7
6	90	1	3	1
7	105	4		1
8	120	4	1	3
	强电击			
9	135	1	3	2
10	150	14	12	9
11	165		1	2
12	180	2	6	3
	超强电击			
13	195	2		1
14	210		1	
15	225			1
16	240			1
	重度电击			
17	255			1
18	270			
19	285			
20	300	1		3
	超重度电击			
21	315			
22	330			
23	345			
24	360			
	危险—剧烈电击			
25	375			
26	390			
27	405			
28	420			
	XXX			
29	435			
30	450			
	平均最高预期电击级别	8.20	9.35	9.15
	预期反抗百分比	100%	100%	100%

† 表示这些受访者自称，即使是最低强度的电击，他们也不会向学生施加。

“……受试者是自愿的，我也是自愿的。主试对我没有进行实际的身体控制。当受试者要求结束实验，我就会让他走。”（最高预期电击：150伏特）

“我会中途停止实验，因为那个人在痛苦地喊叫。如果我撞了膝盖都会很疼，我自然会很同情学生。”（最高预期电击：180伏特）

这些受访者认为，他们的反应源自同情、怜悯和公正心。他们清楚地表明了合理行为的概念，并且认为自己会根据这个概念做出相应的行为。但是他们并不清楚的一点是，在真实的社会情境中，会有很多力量交织存在。

也许，向受访者提出这个问题并不恰当，因为每个人都喜欢从美好的角度看待自己。因此，我们还提出了其他问题，消除因要面子而导致的偏差。我们让每位受访者预期其他人的行为（更准确地说，让他们预期其他100名不同年龄、职业的美国人可能出现的决裂点）。回答这个问题的受访组包括：精神病医生、行为科学的大学毕业生和教师、大学二年级学生和中产阶层成年人。这几组的预期结果惊人地相似。他们认为，几乎所有受试者都会拒绝服从主试，只有病态的偏激者才会持续到使用最高电击，人数不会超过1%—2%。图5列出了精神病医生的预期情况。他们认为，大多数受试者使用的电击级别不会超过第10级（150伏特，受害人在此刻会首次明确表达希望结束实验），大约4%会达到第20级，只有千分之一左右的人会坚持到最高级别电击。

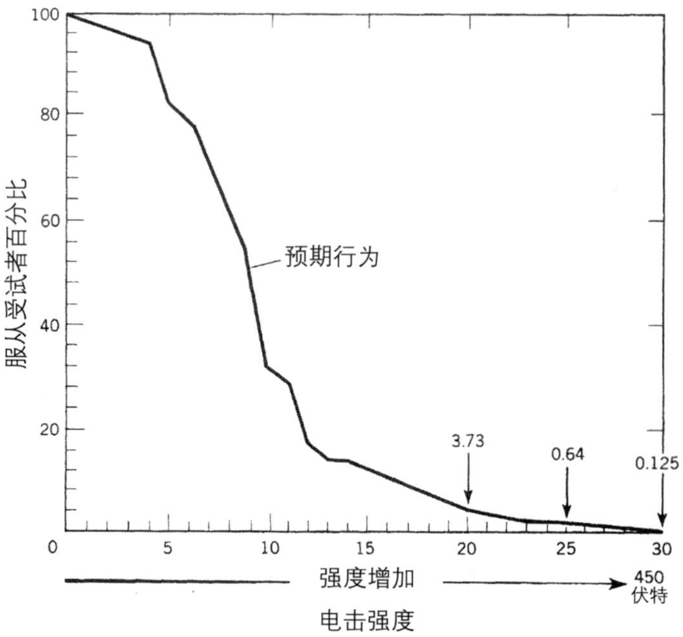

图5：精神病学家对声音回馈实验的行为预期

这些预期结果，体现了人们的这样一些假设：第一，大部分人都很善良，不想伤害无辜的人。第二，除非以外力或威胁的强迫，否则，个人是其行为的主要来源。一个人做出某种行为，是因为他决定这么做。行为虽然发生在具体的物理社会情景中，但社会情景只是为行为提供了发生的舞台，行为本身源自一个人的内在核心。人们在这个核心中评估个人价值观和满足感，然后将评估后作出的决定转换成行为。

在被要求思考这个服从实验时，大多数人都从上述的预设观点开始。他们的关注点是个人的自主性，而不是他所处的具体情境。从这个角度出发，他们才会认为，很少有受试者会坚持服从主试的命令。

第四章
与受害者之间的距离

下面来看看受试者在实验中的实际表现。首先看看远距离反馈情境（实验1）中的结果。与其他常规情境不同的是，受害者在本情境中没有发出口头抱怨。他与受试者安排在不同的房间，受试者看不到他，也听不到他的声音，只通过提示器的信号显示他的答案。但是他会在300伏特时敲打实验室的墙壁做出反抗。到了315伏特，他停止敲击墙壁，也不再给出任何答案。

所有受试者的反应都记录在磁带之中，反抗受试者在反抗时所说的话对实验深具指导意义：

“我觉得他想要沟通，他在敲墙……嗯，电击这个人不公平……这些电击的强度太可怕了，我认为这非常不人道……哦！我不能再继续了。不，这不对。这就是个该死的实验。那个人在受苦。不，我不想继续了，这简直是疯了。”（受试者拒绝继续实施电击）

"他在那边敲墙了，我不想干了。我很想继续，但是我不能对一个人做出这种事情……很抱歉，我不能对一个人做这样的事情。这会损害他的心脏。你把支票拿走吧……是真的，我不能再这样做了。"

在40名受试者中，有26人完全服从了主试的命令，持续惩罚受害者，一直坚持到电击器上最强烈的电击。当受试者使用450伏特3次之后，实验宣告结束。

受试者经常处于一种焦虑的状态中。有时候，受试者不会进行过多的口头抗议，只是从电击器前的椅子上站起来，表示他希望离开实验室。一些服从的受试者告诉主试，他们不想使用超过300伏特的电击伤害学生。服从的受试者所表现出来的紧张感，与反抗的受试者相似。

在受试者施加了最强电击后，主试宣布整个实验程序结束。很多服从受试者会发出解脱的叹息，揉着眉毛，用手指揉搓眼睛，或者紧张而笨拙地抽烟。一些人会摇头，表达出明显的后悔之情。但有的受试者在整个实验过程中一直显得很冷静，只流露出很小的紧张信号。

拉近与受试者的距离

实验和示范的区别在于，对于实验而言，当你发现了一个结果，就可以系统化地改变其发生条件，以此了解相关的原因。

上述实验结果只适用于一个情境，那就是：受试者看不到受害者，受害者无法与受试者进行口头交流。惩罚的接受者非常遥远，也不能清楚地表达自己的愿望。虽然受试者可以听到受害者敲墙的声音，但这种反应的含义非常模糊；也许，一些受试者并不认为敲墙是受害者在表达沮丧情绪。远距离实验的服从结果可能归因于此。如果受害者可以更清楚地表达自己的痛苦，让受试者可以看到、听到和感觉到他的真实存在，也许就不会出现服从的情况了。

一个预备实验中所记录的受试者表现，为这个想法提供了方法线索。在这个实验中，受试者可以通过一面涂银的玻璃隐约看到受害者。在实验过程中，当受试者电击学生时，他经常把目光移开，大幅度转过头，表现出窘迫的情绪。一名受试者解释道："我不想看到自己行为的后果。"观察员的笔记这样记录：

……受试者可以通过面前的玻璃看到受害者。但受试者并不想看到受害者。当我们询问这样做的原因，他们表示，目睹正在遭受痛苦的受害者，让他们不舒服。但我们发现，尽管受试者拒绝看着受害者，却仍然向其施加了电击。

通过这种现象，我们可以这样假设：在某种程度上，受害者的明确表现可能会影响受试者的行为。如果受试者认为，服从主试就必须避免看到受害者，那么条件相反的时候会不会出现相反的结果呢？如果受害者在受试者面前的存在越来越醒目，服从的现象会不会消失？为了回答这个问题，我们设计了一组4个实验，实验1即为上面介绍的远距离反馈情境实验。

实验2（声音回馈）与实验1相同，只是加入了受害者的声音反抗。与第一个情境相同，受害者位于受试者隔壁的房间中，但是透过实验室的墙壁，可以清楚地听到受试者的抱怨。

实验3（接近）与实验2相似，但是在本实验中，受害者与受试者处于同一个房间中，两者之间的距离只有几英尺远。受试者可以看到并听到受害者的反应。

实验4（接触）与实验3相似，不同之处在于：受害者在接受电击时，必须将手放在一个电击盘上。在150伏特时，受害者要求结束实验，拒绝将手放在电击盘上。主试命令受试者用力将受害者的手压在电击盘上。本情境中，当实验持续到150伏特时，受试者如果想要服从主试，就需要与受害者进行身体接触，才能施加更高强度的电击。

每个情境中的受试者人数均为40人，表2列出了实验结果。由于受害者和受试者之间的关系变得更直接，服从的比例明显降低。图6列出了4个情境中的平均最大电击。

在4个实验中，反抗受试者所占百分比为：远距离情境35%、声音回馈情境37.5%、接近情境60%、接触情境70%。

随着与受害者距离的拉近，服从的比例也随之下降，如何解释这个现象？以下几个因素可能发挥了作用。

1.移情暗示。远距离情境和声音回馈情境相似，后者只是对前者进行了很小的变化。在这两个情境中，受害者的痛苦对

表2：实验1、2、3、4中实施的最大电击

电击程度	文字解释和伏特数	实验1 远距离 (40人)	实验2 声音回馈 (40人)	实验3 接近 (40人)	实验4 接触 (40人)
	轻度电击				
1	15				
2	30				
3	45				
4	60				
	中等电击				
5	75				
6	90				
7	105			1	
8	120				
	强电击				
9	135		1		1
10	150		5	10	16
11	165		1		
12	180		1	2	3
	超强电击				
13	195				
14	210				1
15	225			1	1
16	240				
	重度电击				
17	255				1
18	270			1	
19	285		1		1
20	300	5※	1	5	1
	超重度电击				
21	315	4	3	3	2
22	330	2			
23	345	1	1		1
24	360	1	1		
	危险—剧烈电击				
25	375	1		1	
26	390				
27	405				
28	420				
	XXX				
29	435				
30	450	26	25	16	12
	平均最高电击级别	27.0	24.53	20.80	17.88
	服从受试者百分比	65.0%	62.5%	40.0%	30.0%

※ 表示在实验1中，5名受试者施加的最大电击为300伏特。

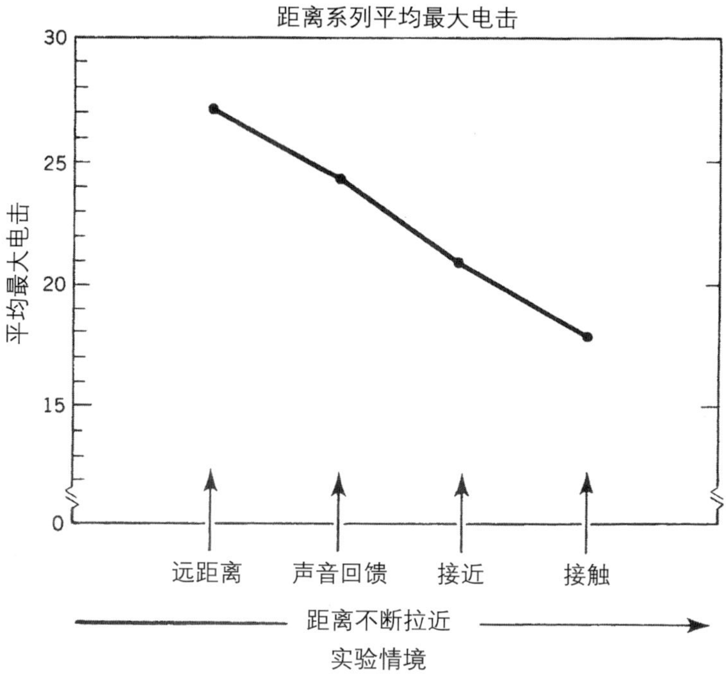

图6：实验1、2、3、4中的平均最大电击

受试者而言，具有抽象而遥远的特征。受试者只是非常概念化地意识到，他的行为给另一个人造成了痛苦。他理解这个事实，但却无法充分地感同身受。这一现象很普遍。轰炸机上的士兵在投下炸弹之前，他可以推断出他的武器会造成痛苦和死亡，但是，认识到这一点并不会对行为造成影响，他的行为所造成的痛苦，无法在他的心中唤起情感反应。

当受试者目睹受害者的痛苦，这一视觉线索可能会激发受试者心中的移情反应，让他更加完整地体会到受害者的感受。还有一种可能性，移情反应本身是一种不愉快的体验，推动受试者希望尽快结束移情反应的产生条件。那么，在随后的

接触情境的整体布局

接触情境中的服从受试者

图7

实验中，服从的比例之所以不断下降，应该可以解释为：移情暗示随着实验系列的情景变化而不断加强。

2. 认知场的否定和缩窄。远距离情境缩窄了受试者的认知场，受试者将受害者置于意识之外。当受害者靠近，受试者很难将他排除在意识之外。受试者不断看到受害者，受害者必然侵入受试者的意识。在前两个情境中，受试者只有在施加电击后，才会了解受害者的存在和反应，而受害者给出的也只是零散而断断续续的听觉反馈。但在接触情境中，受害者处于受试者的即刻视觉场之中，并成为其中一个持续而醒目的因素。否定机制无法再起作用。在远距离情境实验中，一名受试者事后回忆道："虽然能听到他的声音，但是你却开始忘记那边有个人，这简直太奇怪了。有很长一段时间，我关注的只是按开关和读单词。"

3. 交互场。在近距离情境中，受试者可以清楚地看到受害者的行为，同样，受害者也可以看到受试者的行为。也许，如果一个人看不到我们的行为，比他能够看到我们的行为，我们更容易对他加以伤害；他能看到我们对他施加伤害行为可能会让我们产生羞愧或罪恶感，从而停止正在做出的伤害行为。面对面的攻击会导致不舒服或抑制力量，在很多语言中都有这方面的俗语。人们经常说：背后说人易，当面对峙难。我们都知道，如果对某个人撒谎，我们很难直视对方的眼睛，而是会羞愧或窘迫地移开视线。这个动作可以减轻我们的不适感。在执行枪决的时候会遮住犯人的眼睛，此举可以减轻死刑犯所感受到的压力，但可能也起到减轻行刑者压力的作用。总之，在近距离情境中，受试者可能感受到，他在受害者的意识场中的位置越来越突出，因此，受试者会变得更加窘迫、更具自我意识，从而抑制了他对受害者的惩罚。

4. 行为的感受统一性。在远距离情境中，受试者很难看到自我行为与他的行为给受害者带来的结果之间的联系。因此，行为与其结果实际上处于物理上分离的状态。受试者在一个房间中按下开关，从另一个房间传来抗议和喊叫，虽然两个事件相互关联，但缺少强制的统一性。而在近距离情境中，当受害者与导致他痛苦的行为的距离被拉近，这种统一性得以逐渐实现。在接触情境中，这种统一性呈现得最为全面。

5. 初期群体结构。将受害者置于另一个房间，不仅拉远了受害者与受试者之间的距离，同时也拉近了受试者和主试之间的距离。主试与受试者之间形成了一种初期群体结构，受害者被排除在这个结构之外。受害者与其他人之间的这道墙壁，剥夺了他与其他人之间的密切关系，但受试者和主试之间可以感受到这种关系。在远距离情境中，受害者完全是个局外人，无论是在身体上还是精神上，他都是孤独一人。

随着受害者与受试者之间的距离拉近，两者之间很容易形成一种联盟关系，一起站到主试的对立面。受试者不再单独面对主试，他的眼前就有一个同盟者，而且愿意与他携手反抗主试。因此，在这几个实验情境中，空间关系布局的改变，也导致同盟布局可能出现变化。

6. 习得行为倾向。在实验室中经常会发现，同窝实验老鼠之间很少进行打斗。斯科特（Scott）（1958）认为这是一种被动抑制。他写道："在一些情境下……不采取任何行动，通过这种方式，动物学会了什么都不做，这可能是一种被动抑制……如果想要教会一个人变得平和，这是一个重要的原则。因为这意味着，他可以仅仅通过不反抗，就学会不去反抗。"同理，我们仅仅在日常生活中不伤害别人，就可能学习未来不去伤害他人。但是，只有在与他人近距离接触的条件之下，才会出现这种习得行为，可能并不适用于物理上远距离的人的情境。还有一种可能就是，对物理上近距离的人进行攻击，可能会导致报复性惩罚，从而消除最初的反应形式。相比之下，对远距离的人采取攻击行为，很少会导致报复。

随着我们的活动，人与人之间的空间关系会随着情境的变化而变化。我们对他人做出某个行为的心理过程，可能会受我们与他之间空间距离远近的强大影响。在这些实验中，随着受害者越来越靠近，越来越多的受试者拒绝服从，提前结束了实验。受害者近距离出现在受试者面前，这种可见而具体的存在，是主试权威的一个重要的反作用力，引发受试者的反抗。所有的服从理论模型都必须要考虑到这一点。

预期外行为

我们需要对全部4个实验变体的服从水平进行整体讨论。

受试者从孩提时代起就学会了一个道理：违背他人的意愿对其进行伤害，是严重违反道德规范的行为。但是，几乎半数受试者放弃了这条道德宗旨，服从了一名权威的指示。事实上，这名权威并没有任何特别的权力强制受试者执行他的命令，反抗他不会带来物质上的损失和惩罚。通过很多受试者的言语和行为，我们可以清楚地看到，在惩罚受害者的过程中，受试者的行为经常与他们的价值观相悖。很多受试者表明他们并不同意在学生不断抗议的情况下对其施加电击，有些人指责这种行为愚蠢而不合情理，但是很多人都遵循了主试的命令。

实验的结果与预期行为调查的结果之间，存在着巨大的差异（出现这种差异的原因可能是：受访者远离实际情境，很难向他们描述实验的具体细节，可能导致他们严重低估了服从的力量）。在实验的过程中，我们邀请了一些观察员，通过实验室的一面单向镜子旁观实验。结果也是大出他们的预料。观察员表示，他们无法相信所看到的事实：受试者不断地向受害者施加越来越强烈的电击。即使是完全熟悉实验情境细节的人，也同样低估了服从受试者的数量。

第二个出乎意料的结果，是整个程序中产生的紧张感。有的人可能会认为，受试者会受其道德观的指引，简单地结束实验或继续。但事实远非如此。很多受试者显示出了强烈的紧张情绪。

在实验结束后进行的访谈中，受试者需要在14级程度表中，标出他们感受到的最大紧张感和压力（图8）。这个程度表从“完全没有压力和紧张”到“极度压力和紧张”。这种类型的自我报告精确度有限，只是对受试者情绪反应作出一个粗略的估计。尽管价值有限，但我们从中还是可以看出，受试者的紧张与压力程度各不相同，遍布整个程度表的各个级别，但大部分结果都集中在中心和最高数值附近。进一步的细分显示，与反抗受试者相比，服从受试者报告的最大紧张感略强。

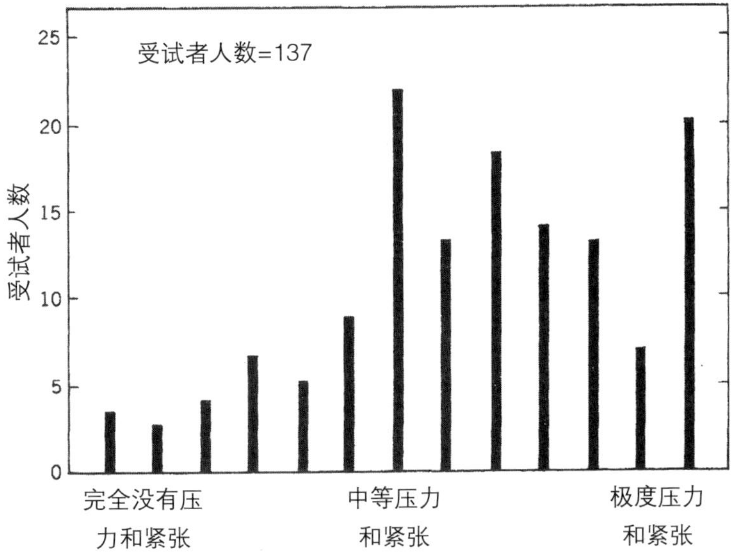

图8：受试者报告的压力和紧张程度

那么，受试者为什么会产生紧张感呢？首先，它表明存在冲突。如果在这一情景中，只有服从倾向这一种心理力量起作用，那么所有受试者都应该坚持到最后，而且不会感到紧张。紧张，是因为同时存在两个或更多相矛盾的反应倾向【米勒（Miller），1944】。如果对受害者的同情是唯一的力量，所有受试者就应该全部冷静地反抗主试。实际情况是，有的受试者服从主试，有的受试者反抗主试。但无论是什么样的结果，通常都伴有极度的紧张。一方面，不要伤害他人是一种根深蒂固的倾向；而另一方面，服从权威的倾向也具有同样强大的力量。这两者之间产生了冲突，很快将受试者带入一个困境。高度紧张感还反映出，这两个相矛盾的矢量的力量都很强。

此外，紧张感也说明了受试者无法通过反抗摆脱的这种困境状态的束缚力。当一个人感到不舒服、紧张或压力，他就会试图采取一些行动，结束这种不愉快感受。因此，紧张可能是一种推动力，引导受试者做出逃离行为。但是在当前的情境下，即使是感受到极度紧张，很多受试者仍然无法做出可以解脱的行为。因此，一定存在着一种相反的推动力、倾向或者抑制机制，阻挡了反抗反应的激发。这种抑制因素的强度必须超过受试者感受到的压力，否则，受试者就会结束行动。受试者停留在情境之中，是很多力量作用的结果。受试者表现出的极端紧张，同时也表明了这些力量的强度。

最后一点是，紧张感可能也证明，受试者完全相信了情境的真实性。他们一定深深陷入一个真切感受到的困境之中，否则，正常的受试者不会出现战栗或流汗的反应。

第五章
个体面对权威（一）

对于每名受试者而言，我们需要了解的一个核心事实就是：他在实验中是服从，还是反抗。但是，如果只用这种方式看待受试者，不免有些愚蠢。走进实验室的每名受试者都有着不同的情绪、态度和个人风格。的确，这种性格和态度如此多样，从中总结出某种规律性几乎不可能。受试者可能是一名不善言辞的砖瓦匠，在科学家面前会感到自卑和胆怯；或者是一名自信的商人，在强调自己的观点时，喜欢用手中的雪茄指着主试。

我们需要关注参与研究的每名个体，这不仅可以为本实验提供个人化量度，而且，每名受试者个人经历的特性还会为我们提供更好地理解服从过程本质的线索。

为了全面了解受试者在实验中的体验，我们需要依靠参与者自己的陈述和看法。但有一点值得我们警惕。尽管我们应该重视受试者所说的每句话，但我们不必认为受试者完全了解自己行为的原因。我们应该倾听受试者，不代表我们错误地将其看做事实真相。受试者在每个情境中受到他意识不到的很多力量的控制，还被为调节他的行为而设置的隐藏的情境结构所控制，这一点也并没有人向他指出来。在了解这些因素方面，我们比受试者有一个很大的优势：在不同的实验中，我们可以对情景特征进行稍许变化，以此了解每个因素的重要性。受试者虽然经历困境，但他无法将这个困境放在一个大的视野来思考，因为这个大的视野只能从全局获得。

信息来源有以下三个部分。首先，我们对实验中每名受试者的表现进行观察，尤其是与主试之间进行的对话。其次，在实验后的采访中，所有受试者都提供了他们的背景资料（在以下实验描述中，我们改变了受试者的姓名）。最后，在耶鲁大学精神病学院一位医生的主持下，一些受试者进行了个人和小组讨论。

布鲁诺·巴塔，电焊工（实验4）

37岁的巴塔先生是一名电焊工，出生在纽黑文市，父母是意大利人。他的五官线条粗糙，显得有些不够机灵。整体气质略显粗野。一个观察员这样形容他："粗鲁的大块头，很显然智商不高。"但是，这种描述并不充分，因为他在主试面前完全是另一种态度：顺从、恭敬和讨好。

他在练习实验步骤时遇到了一些困难，主试纠正几次后，才慢慢掌握。他对主试的帮助表示感谢，也表示实验要他做什么，他就做什么。他参加的是接触变体实验。150伏特之后，学生拒绝再触摸电击盘，巴塔必须强行将学生的手按在电击盘上。

当学生第一次抱怨，巴塔没有理会。他的表情冷漠，似乎自己与学生的破坏行为完全没有关系。当主试要求他把学生的手压在电击盘上，他严格而机械地执行了。他首先检查了电击器开关，在发现开关不起作用后，立刻以强迫的方式将学生的手压在电击器上。从始至终，他都是一副严厉的表情。学生就坐在他身边，哀求他停止。但是他却一脸冷漠，像个机器人一样继续实验。这个场景中最令人侧目的，就是他对学生明显的漠不关心。他几乎不把学生当成一个人来看待。但是与此同时，他在主试面前的表现却温顺而谦恭。

到了330伏特，学生不仅拒绝将手放在电击盘上，而且还拒绝回答问题。巴塔很恼火，转向他斥责道："你最好赶快回答，完成实验。我们不能整晚待在这里。"这是整个小时中他对学生说的唯一的话。这个场景显得野蛮而压抑：当他制服了大声喊叫的学生并对其进行电击的时候，那张冷冰冰的没有表情的面孔，显示出一种彻头彻尾的冷漠。但他似乎并没有从这个行为本身获得快感，只是对自己正确地完成工作而暗自得意。

他在对学生施加了450伏特电击后，转头问主试："我们接下来怎么做，教授？"那谦卑的语气显示他是一名愿意合作的实验参与者，不像学生那么顽固不化。

在实验后的采访中，他对实验的陈述非常混乱。主试按程序问道："你认为这个实验还有哪些其他目的？"他没有任何逻辑性地利用这个问题来贬低学生："那个人（学生）多少有些倔，如果他明白这里到底在干吗，就不会挨罚了。"在他看来，学生受到的惩罚是自作自受。

主试问他，在实验过程中是否感到紧张或有压力。他再一次利用这个问题表达了对学生的态度：“只有那么一次，有一点点，也谈不上紧张。在他不配合的时候，我有点气愤。”工作人员在向他询问责任方面的问题时，遇到了一些困难，他似乎并不理解这个问题。主试不得不将这个问题简化。最终，他将主要责任归于主试：“我认为这是你的错，原因很简单，你们花钱让我这么干，我必须执行命令。我是这么觉得的。”

然后，他将所有主动权都推给了主试。他说：“你完全可以说‘把钱还给我，忘了这一切’。这样的话，我就可以自己拿主意了。”

我们发现，很多受试者认为，主动提出返还报酬是脱离实验的一种体面方法。但是这名受试者却认为，还钱这件事情应该由权威主动提出，他才会考虑到这个行为。这时，主试说：“但是我说过，这笔钱只是你来参加实验的酬劳，无论实验发生什么事情都是如此。”

“就是嘛。”

当采访接近尾声，他告诉主试，能帮到主试他非常荣幸。他还表达了瞬间闪过的遗憾心情，说：“先生，很遗憾这不是一个完整的实验。”

他的看法就是：他实际上已经做到最好了，只是学生的表现不佳才造成主试不是完全满意。

几个月后，巴塔先生寄回了我们发给他的调查问卷。在问卷中，他说：他一直按照主试的指挥坚持到了最后；坚信学生受到了痛苦的电击；实验完全没有让他感到困扰。他认为“应该进行更多这种类型的实验”。在回答“是否通过实验了解到个人价值观方面的事情”时，他写着“是的”，但没有具体解释到底学到了什么。

《旧约》教授（实验3）

这名受试者面容憔悴、严肃，看上去就像一名新英格兰的牧师。事实上，他在一家知名的神学院中教授《旧约》。他参加的是接触情境实验。在向受害者施加电击时，他会调整椅子看着受害者。读单词配对的发音非常标准，在说“正确”时的态度也有些生硬，就像在发号施令。每当学生出现错误，他似乎想要责骂他。每次施加电击时，他的嘴唇会往后咧，露出牙齿。他的所有行为都过于严苛挑剔。按下150伏特开关后，他对继续实验表示了畏怯之情。主试申明可以忽视学生的反抗，实验必须继续。

主试：继续实验非常重要。

受试者：我明白你的意思。但是我不明白的是，为什么实验要凌驾于这个人的生命之上。

主试：不会造成永久性组织损伤。

受试者：但那是你的看法，如果他不想继续，我打算听他的。

主试：你没有其他选择，先生，你必须继续。

受试者：如果这里是苏联，没准是的，但是在美国绝不能这样。

（实验终止）

在与主试讨论的过程中，受试者的态度显示出，他在实验中并没有屈服于主试的地位，而是将他看成一名冷漠的技术人员，根本不理解他所做的事情的整体影响。当主试告诉他电击器很安全时，他被激怒了，提到实验对学生情感上的影响，而不是身体上的影响。

受试者：（不由自主的）：的确，你考虑到了这件事情的道德问题。（极度焦虑）但他现在不想继续了，你认为实验更重要？你有没有查看他的情况？他的身体状况怎样了？万一他的心脏很虚弱呢？（声音颤抖）

主试：我们了解这台机器，先生。

受试者：但是你不了解正在被实验的这个人……这太危险了。（吞咽口水，发抖）这个男人的恐惧怎么处理？你不可能判断这种恐惧感对他的影响……他心中正在产生的恐惧感……好吧，你可以问我问题，我来这里不是向你提问的。

他停止追问的原因之一，是因为他认为自己没有提问的权利，但是给人的感觉是，他认为主试不过是一名严厉而狭隘的技术人员，根本就不能进行高水平的对话。有人还注意到，他用一种说教的口吻主动提出了“道德”这个词，这来自担任宗教教师的职业习惯。有趣的是，他首先给出的结束实验的理由，并不是反抗主试，而是听从受害者的命令。

因此，他的态度是，主试和学生的命令对他而言是平等的，他的行为并不代表反抗，只是转移了服从的对象而已。

实验结束后，我们向他解释了实验的真正目的，然后主试问道："你认为，如果想要加强反抗不人道权威的力量，最有效的方法是什么？"

受试者回答："如果人类拥有了最终极的权威——上帝，人类权威就无足轻重了。"

他的回答再一次表明，问题的关键不是否定权威，而是要用好的权威——也就是神，替代坏的权威。

杰克·华盛顿，钻床工（实验2）

35岁的杰克·华盛顿是一名黑人，出生在南卡罗莱纳州，是一名钻床工。他向我们强调了他的教育背景，他高中没有毕业，但并不是中途退学，而是在毕业前参了军。他看上去很温和，微胖，略有秃顶，外貌比实际年龄显老。行动节奏缓慢，举止冷淡，说话带着些微南方黑人口音。

第一次听到受害者抗议时，他转向主试，很悲伤地看了一眼主试，然后继续阅读单词配对，主试不必告诉他继续。在整个实验中，伴随着受害者痛苦的喊叫，他几乎没有表露出任何情绪，身体也没有移动，只是以缓慢而稳定的节奏，完成了主试指示的事情。在整个过程中，他的脸上都挂着悲伤而沮丧的表情。坚持到450伏特后，他问主试接下来该做什么。按照命令又进行了2次电击后，他终于从这个任务中解脱。

他在采访中解释道，尽管知道电击很痛苦，但他相信了主试的一句话：电击不会产生永久性损伤。差不多一年之后，他在调查问卷中重申了这一点。在回答“谁应该对受害者的痛苦负责”这一问题时，他认为主试应该承担大部分责任，然后是受害者，他自己的责任最少。他对学生的态度是：“他已经同意做这件事情了，就必须接受责任。”主试应该“承担最大的责任。我只是继续实验，因为我在服从命令……他要求我继续。我没有得到停止的暗示”。

他深陷这种想法之中，说了好几次这样的话。他解释道，如果主试暗示停止实验，他肯定会停止，意思是说他会完全按照主试的要求来行动。对他而言，在当时的情况下，不服从主试的命令才是唯一的失职。

他用缓慢而稳定的语气解释道：“我知道，只有达到一定强度，电击才会要人的命。我也曾被电击过，当时几乎昏倒了……整个手臂麻木了，但是我没有死。”

然后他又表示，主试曾经说过，电击可能很痛苦，但不危险，他接受了主试的这番话。他在方方面面都表现出对主试的完全忠诚。与其他很多受试者相比，他更轻松地接受了主试的权威地位，内心的冲突更少。

詹·瑞希勒，工程师（实验2）

受试者是一名32岁的工程师，穿着整齐，棕色头发剃成平头，留着胡须。个性比较沉默，但是很温和，看上去很聪明，说话带点外国口音。他在面试中告诉我们，他“二战”后从荷兰移民美国，是荷兰新教教会归正宗的成员。

当受害者在150伏特发出抱怨时，受试者转向主试问道：“我该怎么做？”

主试告诉他继续。

他用手按了一下脑袋，继续实验。接下来，他频繁地回头看主试。在255伏特时，他从电击器前推开了自己的椅子，转向主试。

瑞希勒先生：哎，我不能再继续了。如果不愿意继续，就可以结束，这是一个自愿实验。

主试：请继续。

（长时间停顿）

瑞希勒先生：不，我不能继续，很抱歉。

主试：实验要求你继续。

瑞希勒先生：那个人似乎受伤了。

主试：不会有永久性组织损伤。

瑞希勒先生：是的，但是我清楚电击的后果。我是名电子工程师，之前也曾被电击过……电击真的会让你很痛苦，尤其是在你知道还会有下一次电击的情况下。很抱歉。

主试：继续实验绝对必要。

瑞希勒先生：但是我不想继续，我不会电击一个喊着要出去的人。

主试：你别无选择。

瑞希勒先生：我有选择。（怀疑和愤怒）为什么我没有选择？我自愿来到这儿，觉得自己可以为一个研究项目提供帮助。但是，如果我必须伤害别人才能提供帮助，或者说，如果我处在他的位置，我也不会继续，我绝不会待在那里。我不能继续。很抱歉。我想，也许我已经做得太过了。

当我们问他，谁来承担伤害学生的责任时，他说："我承担完全的责任。"

他拒绝将责任推给学生或者主试。

"我应该在他第一次抱怨的时候就停止实验。那一刻我真的想停下来。我转头看了你一眼。我想，那是一种……权威感，你可以这样称呼那种感觉。我被那种感觉压制住了。我继续下去，尽管我不想这么做。你看，如果你在军中服役，也必须做一些不愿做的事情，因为你的长官命令你这么做。你知道我的意思吗？"

"我想，有一件事情绝对是懦夫行为，那就是试图把责任甩给其他人。如果我现在转头说：'这是你的错……不是我的。'我会认为自己是懦夫。"

这名受试者在255伏特的时候放弃了实验。但他认为自己对在受害者第一次抗议后施加电击负有责任。他对自己很严厉，虽然身处一个权威结构之中，但他没有因为这一点而免除自己的责任。

当他得知精神科医生对服从比例的低预期值时，表示很惊讶。他说，他在纳粹占领的欧洲生活过，根据这段经历，他可以预料到服从命令的高比例。他还建议："在德国和其他国家进行相同的实验可能会很有意义。"①

①大卫·马克·曼德尔（David Mark Mantell），《德国的暴力潜力》（*The Potential for Violence in Germany*）。——作者注

这次实验给他留下了非常深刻的印象。实验结束几天后，他给我们写了一封很诚恳的长信，问他是否可以和我们一起工作。

“尽管我……在工程行业中工作，但我确信，对今天的世界而言，社会科学，尤其是心理学，是更为重要的学科。”

莫瑞斯·布雷弗曼，社会工作者（实验2）

莫瑞斯·布雷弗曼是一名39岁的社会工作者，光头，举止严肃，显得比实际年龄老成。他看起来很聪明，总是眉头紧锁，一副忧心忡忡的样子，好像承担着整个世界的重负。给我们留下的印象是，自控能力强、压抑、严肃。他说话的时候会给人留下深刻的印象，但经过修饰的声音无法让人感受到他的个人情感，显得很虚伪。随着实验的进行，他发出了笑声，先是轻声的窃笑，然后变成越来越持续的、声音撕裂的笑。似乎是学生的喊叫激发了他的笑。

当学生开始拒绝回答时，主试指示，没有答案就视为错误答案。他非常认真地接受了这个指示。

在按下315伏特电击开关之前，他很认真地对受害者说：“华莱士先生，你的沉默将被认为是回答错误。”然后施加了电击。他提出要与学生交换位置，但并不真心实意。他问主试：“我是不是真的要严格执行这些指示？”主试回答是，他对这个回答很满意。在实验过程中，他那精准而带有权威性的说话方式，越来越多地被带着喘息的大笑所打断。

主试记录了布雷弗曼在最后几次电击时的表现。

现在，他几乎在每次电击前都会停下来，用摸脸的方式掩饰他的笑。

眼睛不停地转动，试图用手遮住脸，仍然在笑。

在这一刻，无论他怎么做，都无法再控制住他的笑。

用拳头敲击桌子。

在采访中，布雷弗曼用他那令人印象深刻的流畅语言和聪明劲儿，对实验进行了总结。他认为，这个实验可能是用来“检验教师作为一个虐待型角色的影响，以及学生在一个权威性、惩罚性的强硬学习环境中的反应”。当我们问他他向学生施加的最后几次电击的痛苦程度时，他表示，即使最高一级（极度痛苦）也不足以反映这种痛苦。他在量表最边缘的位置上画了一个箭头，表示比最高级别的程度还要严重。

他在采访中表现得极为放松、镇定，这种态度很难用语言准确描述出来。他用最平静的方式，讲述他内心极度的紧张。

主试：在什么时候感觉最紧张或最有压力？

布雷弗曼先生：哦，当他第一次喊疼的时候，我意识到这伤害到他了。当他封闭自我拒绝回答时，事情变得更糟糕。我就在那里，我是个好人，我认为自己伤害到了别人，我陷入一个疯狂的局面里……为了科学的利益必须经受这些。有那么一刻，我有一股冲动，想要拒绝继续这种教学实验。

主试：在哪一刻？

布雷弗曼先生：就在他几次拒绝回答和沉默之后。我在这时候问过你，我是否可以自己选择教学方法。在那一刻，我有一种冲动，想要帮他恳求，与他交流，鼓励他，试图让我和他在情感上连接起来，用这样的方式熬过那个阶段，我就不用再伤害他了。

布雷弗曼先生所说的“不再这样做了”，他的意思并不是要进行反抗，而是认为应该修改教育受害者的方法。

当采访的工作人员提到关于紧张的常规问题，布雷弗曼先生立刻提到了他的笑。

“我的反应简直是太奇怪了。我不知道你们是不是正在观察我，但是我的反应却是咯咯笑，还要试图压制住，这不是我的正常表现，而是对一个不可思议的局面作出的反应，对一个必须伤害他人的局面作出的反应。我完全处于无助的状态，被困在实验中，无法脱身，我无法给予他帮助，这就是我做出那种反应的原因。”

实验结束一年后，他填写了我们寄出的调查问卷。他告诉我们，参加这个实验，让他学到了一些东西，对他个人非常重要。他说：“令我震惊的是，我居然有这种服从能力和遵守一个核心观点——比如这个记忆实验是有价值的这个观点——的能力。虽然事实已经很明显，继续坚持这种价值，就要违背另一个价值观——比如不去伤害其他无助的、未伤害你的人这个价值观。我的妻子说：‘你现在可以叫自己艾希曼了。’希望未来再遇到价值观冲突时，我可以更有效地处理这种冲突。”

第六章
更多变体和控制

实验5：一个新的基础情境

在接近情境实验系列结束后，我们离开了设施先进的耶鲁大学交互实验室，将实验地点改到同一个建筑的地下室里。房间非常普通，尽管设备齐全，但看上去平淡无奇，各种管道裸露在天花板上，地面是水泥地，而不像之前的实验室那样铺着漂亮的地毯。我的想法是，在一个看上去很普通的实验室中进行实验，服从的比例是否会减少。我们需要设计一个新的基础情境。新的情境是以声音回馈情境为模板，作了稍许变化。学生不再只是发出痛苦的喊叫，还要加入自己心脏有问题的话。也许这个新的因素可以为反抗提供更多的合法理由，让反抗的行为更加强烈、更加必要。

我不希望过于强调“心脏病”这个问题，这可能会让学生不具备参与实验的资格，我只是让他仅仅提出这个问题，表达的时间是在他被绑到椅子上的时候。当主试和不知情的受试者（帮助将学生绑在椅子上）准备离开学生的房间返回控制室时，主试照惯例询问："还有什么问题吗？"学生在这时给出了与之前情境中不同的回答："几年前，纽黑文的V.A.医院查出我的心脏有点儿问题，不是很严重。但是这些电击会不会对我有危险？"

主试用一种自信甚至有些不屑的口吻回答："尽管电击可能有点疼，但不会带来永久性组织损伤。"然后继续实验程序。

在所有后续实验中，都会使用新的反抗方式系列。与第一个实验系列的反抗形式相比，只是多了一种反抗形式：学生将在150伏特、195伏特和330伏特电击时提到心脏的问题。具体的反抗安排如下：

实验5：新基准情境

学生的反抗顺序

75伏特	哎呀！
90伏特	啊！
105伏特	（更大声）啊！
120伏特	啊！嘿，太疼了。
135伏特	啊！！
150伏特	啊！！！实验员！结束吧！让我出去。我告诉过你我心脏有毛病！我的心脏开始感到不舒服了。请让我出去。我的心脏开始感到不舒服了。我不要继续了。让我出去。
165伏特	（高喊）啊！让我出去！
180伏特	（高喊）啊！我受不了，太疼了！让我离开这里！
195伏特	啊！让我离开这儿！让我离开这儿！我的心脏受不了了！让我离开这儿！你们没有权力把我关在这里！让我出去！让我从这儿出去！

210伏特	啊！实验员！赶快让我出去！我受够了！我不想再做实验了。
225伏特	啊！
240伏特	啊！
255伏特	啊！让我从这里出去。
270伏特	（极度痛苦的喊叫）让我从这里出去！让我从这里出去！让我出去，听到没有？让我从这里出去！
285伏特	（极度痛苦的喊叫）
300伏特	（极度痛苦的喊叫）我拒绝回答任何问题！让我出去！你们不能把我关在这里，让我出去！让我出去！
315伏特	（更加强烈的痛苦喊叫）我说过了，我拒绝回答问题，我已经退出实验了。
330伏特	（强烈的、持续的、极度痛苦的喊叫）让我从这里出去！让我从这里出去！我的心脏受不了了。我说了，让我出去！（歇斯底里地）让我从这里出去！让我从这里出去！你们没有权力把我关在这里。让我出去！让我出去！让我从这里出去！让我出去！让我出去！

尽管实验地点不再是漂亮的实验室，尽管学生提到心脏有问题，都没有大幅度地增加反抗的比例。在本基础情境中，40名受试者中有26个人坚持到最大电击，而声音回馈情境的40名受试者中的服从人数是25人，两者相比只有非常小的变化。决裂点的分布如表3所示。

也许，不管受害者说什么都不会引起受试者的一致反抗，因为受试者的行为不受他自己的控制。

在实验后的采访中，我们问受试者：“你愿意接受多大的电击强度？”本情境中的39名受试者回答了这个问题，结果如图9所示。3名反抗受试者表示，他们能接受的电击可以高于他们向受害者施加的电击。在26名服从受试者中，7人愿意试试他们刚才在实验中施加给学生的450伏特电击，其他19人则不愿这样做。在大多数情况下，受试者施加给学生的电击程度，与他们愿意接受的测试电击程度之间，都存在着很大的差别。图9右侧的最下方有3个点，代表3名施加了450伏特电击的受试者不愿意接受超过45伏特的电击。在所有的实验情境中，当我们向受试者提出这个问题时，都得到了相似甚至是更极端的回答。

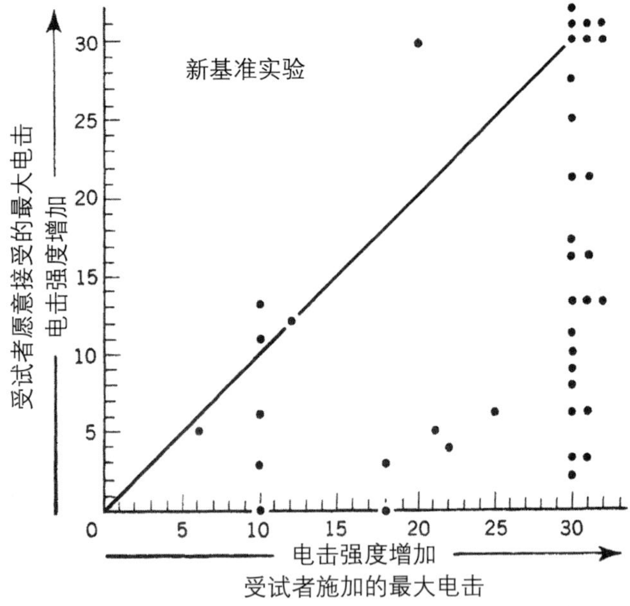

图9：受试者愿意接受的最大电击与施加的最大电击

实验6：角色转换

是否存在这样的可能：受试者的反应，主要受主试和受害者性格的影响？也许，主试看起来比受害者更强势，受试者更愿意与主试结成同盟。下面这个实验比较是无意中出现的，但可以说明这个问题。为了加快实验的进行速度，我们又增设了由一位新主试和一位新受害者组成的第二组。在第一组中，主试的表现生硬、强势、一脸学究气；受害者正好相反，温和善良，和蔼可亲。但第二组人员的性格特征正好与之相反。新主试看起来温和善良，与人无争；而新受害者脸上颌骨宽大、坚硬，下颌突出，好像非常善于打架斗殴。实验结果显示在表3中。结果证明，个性变化并没有对服从结果产生影响，主试和受害者的个性特征不具有特别的重要性。

实验7：与权威的距离

我们在距离实验中可以看到，受试者和受害者之间的空间关系影响着服从结果。那么，受试者和主试之间的空间关系是否也会影响实验结果呢？

之所以提出这个问题，是因为，受试者到达实验室后，主要是要熟悉和适应主试而不是受害者；他们来到实验室是要进入主试而非受害者规定的系统。受试者来到这里，并不是为了理解自己所做的行为，而是向这位有能力的科学家展示这种行为。他们愿意按照科学家的要求来展示自我。大多数受试者似乎都很在意他们在主试面前的形象。有人认为，在这样一个陌生的新环境中，受试者不太会意识到这个社会情境其实是一个3人小组。受试者非常关注自己在主试面前的表现，未能对社会场其他部分的影响予以重视。这种指向主试的强大力量，让受试者对受害者相对不敏感。这也让我们相信，改变受试者和主试之间的关系，可能会对服从的结果产生重大影响。

表3：实验5—11中施加的最大电击

电击程度	文字解释和伏特数	实验5 新基础情境（40人）	实验6 角色转换（40人）	实验7 主试不在场（40人）
	轻度电击			
1	15			
2	30			
3	45			
4	60			
	中等电击			
5	75			
6	90	1		1
7	105			1
8	120		2	
	强电击			
9	135			1
10	150	6	4	7
11	165		1	3
12	180	1	3	1
	超强电击			
13	195		1	5
14	210		2	
15	225			1
16	240			
	重度电击			
17	255			
18	270	2	2	3
19	285			
20	300	1	1	3
	超重度电击			
21	315	1	2	
22	330	1	1	1
23	345			
24	360		1	2
	危险—剧烈电击			
25	375	1		
26	390			
27	405			1
28	420			1
	XXX			
29	435			
30	450	26	20	9
	平均最高电击级别	24.55	22.20	18.15
	服从受试者百分比	65.0%	50.0%	20.5%

表3（续）

电击程度	文字解释和伏特数	实验8 女性受试者（40人）	实验9 先决条件（40人）	实验10 布里奇波特办公楼（40人）	实验11 受试者选择电击强度†（40人）
	轻度电击			2※	
1	15				3
2	30				6
3	45				7
4	60				7
	中等电击				
5	75				5
6	90				4
7	105			1	1
8	120				1
	强电击				
9	135		1		3
10	150	4	7	7	1
11	165	1	2		
12	180	2	1	1	
	超强电击				
13	195		1	3	
14	210	1			
15	225				
16	240		1		
	重度电击				
17	255		1	1	
18	270	2	2		
19	285				
20	300	1	1	4	
	超重度电击				
21	315	2	3	1	
22	330	1		1	
23	345		1		
24	360		1		
	危险—剧烈电击				
25	375		1		1
26	390		1		
27	405				
28	420				
	XXX				
29	435				
30	450	26	16	19	1
	平均最高电击级别	24.73	21.40	20.95	5.50
	服从受试者百分比	65.0%	40.0%	47.5%	2.5%‡

※ 在布里奇波特市的实验中，2名受试者拒绝施加最低程度电击。

† 表示受试者在整个选择顺序中所选择的最大电击。

‡ 使用电击器最大级别电击的受试者百分比。由于受试者自己选择电击级别，这个数据并不代表服从比例。

在另一个系列的实验中，我们改变了受试者与主试之间的接近程度，也降低了主试的监督力度。在实验5中，主试一直坐在距离受试者几英尺远的地方；而在实验7中，主试在作出初步指导后，就离开了实验室，通过电话下指令。

在将主试移出实验室的实验中，服从的比例明显下降。实验5中的服从受试者人数（26人）几乎是实验7中服从者人数（9人）的3倍。当受试者不必与主试面对面时，似乎能够更好地抗拒主试的命令。

此外，当主试不在场时，受试者会出现一种有趣的行为方式，这是有主试现场监督情境中没有出现的现象。尽管受试者持续进行实验，但有几名受试者施加的电击程度要低于要求值，他们违反了正确的程序，并且隐瞒了主试。的确，在电话交流中，一些受试者肯定地告诉主试他们按照指示提高了电击程度，但实际上，他们不断重复使用控制面板上最低强度的电击。这种行为方式很有意思：尽管这些受试者的行为方式明显违背了实验的目的，但他们发现了一种更容易的解决冲突的方法，而不是与权威公开决裂。

我们还进行了其他一些情境实验。在这些情境中，主试在实验的前半部分离开实验室，通过电话下命令；当受试者拒绝施加更强烈的电击后，他会出现在受试者面前。尽管主试通过电话未能让受试者服从，但当他再次出现，经常会导致一些受试者继续服从。

这一系列实验表明，权威的实际存在是一个重要的力量，会对受试者的服从或反抗产生强大的影响。服从一个具有破坏性的命令，在某种程度上与权威和受试者之间的距离有关。任何服从方面的理论都需要考虑到这个事实。[①]

实验8：女性受试者

在前面介绍的实验中，受试者都为成年男性。我们还对40名女性受试者进行了研究。这个实验具有特别的理论意义，因为在这个问题上，社会心理学中存在两个普遍却相互矛盾的发现。首先，在大多数服从实验中，女性比男性更顺从【魏斯（Weiss），1969】。因此，在本研究中，原本预测女性服从的比例会更高。但是另一方面，人们普遍认为，与男性相比，女性的攻击性更低，更具同情心；因此，她们反抗的比例也可能会更高。表3列出的结果显示，女性的服从比例几乎与男性相同。[②]但是总体而言，女性感受到的冲突程度要比男性受试者高。[③]

①过去的十年中，在身体距离对行为的影响问题上，心理学界进行了很多重要探讨。比如，霍尔（Edward T. Hall）的《隐藏的维度》（*The Hidden Dimension*）。——作者注

②最近，我听说有几名科学家【谢里登（Sheridan）和金（King），1972】复制了服从实验，但有一个小小的变化：受害者不再是没有被真正电击的人类，而是一只小狗，并且对它进行了真正的电击。被电击的时候，小狗会吠叫、嚎叫和奔跑。受试者既有男性也有女性。研究人员发现，女性的服从比例高于男性。他们写道："所有女性受试者完全服从了电击小狗的指示直到最高级别电击。"又见基尔姆（Kilham）和麦恩（Mann），1972。——作者注

③通过分析受试者报告的紧张程度的数据，这一结论得到了证明。在完成实验之后，每位受试者都会在一个量表上标出他在实验过程中感受到的最大紧张或压力值。我们收集了21个实验情境的相关数据，包括当前所述实验。服从女性受试者报告的压力值要高于所有20组服从男性受试者。可能是因为女性比男性更容易感到紧张，或者，只是因为她们可以更真实地表述自己的压

转下页

女性受试者在处理冲突时有很多独特的女性方式。与男性受试者相比，女性受试者在实验后采访中，更频繁地把她们的感受与抚养孩子中遇到的问题联系在一起。

我们只研究了女性作为教师角色的情境。如果让她们扮演其他的角色，可能会有有趣的发现。女性做受害者，可能会导致更多的受试者进行反抗，因为在文化规则中，与伤害男人相比，伤害女性会激起更强烈的反对。（同理，如果扮演受害者的角色是个孩子，不服从的比例可能会更高。）

如果将女性放在权威的位置，又会出现怎样的结果呢？我们不清楚面对女性权威的命令，男性受试者和其他女性受试者会作出怎样的反应。女老板并不是很常见，此外，很多男性可能希望在女性主试面前展示他们的男人气概，导致他们不带任何情感地执行她冷酷的命令。我们将在第七章描述三名女性受试者的实验过程。

实验9：受害者有限责任契约

一些受试者在解释自己的服从行为时，会提出潜在社会契约的概念。他们这样解释：他们与主试之间形成了契约关系，共同实现一个普遍认可的价值观——科学的进步，他们为此放弃了自己的一些自由权利。此外，在实验情境中，他们认

接上页

力感受。无论原因如何，服从女性受试者报告的压力值要超过其他的全部20组情境。但是，反抗女性受试者的压力值，位于反抗男性受试者压力值分布的中间地带。——作者注

为一种“双重认可”机制在起作用：受害者与主试权威之间也形成了契约关系，因此，受害者没有单方面宣布退出实验的自由。还有人认为，受害者进入主试的权威系统时，并没有任何先决条件规定他在实验中将会受到怎样的对待。因此，在这种情况下，他必须接受自己的自由决定所产生的后果。无论实验让他感到多么不愉快，他都必须尊重合同义务。社会就是建立在这样的前提之上。

在论证一个体验性的实验的合理性时，经常会出现上述观点。我们在本实验情境中的想法是，改变受害者加入实验的模式，让他用暗示或其他方法表明：他不同意在违背他意愿的情况下被电击。

想要实现这个目的，只需对程序进行一个小改动。前面的实验程序中，在将学生绑在椅子上之前，以及在进行第一次电击之前，主试会向学生和受试者告知学习实验的性质，然后让两人签署一个豁免书，内容是：“我自愿参加本次实验研究，如果因我的参与而出现任何法律问题，我将不追究耶鲁大学及其员工的法律责任。”

在以前的实验中，这种豁免程序只是一个常规步骤。但在本次实验中，在抽签决定学生与教师的角色并描述实验内容后，学生提出了反对意见。他把豁免书高高举起，手中拿着笔，对主试说，他心脏有问题。因此，主试必须同意他提出的一个条件，否则他不会参加实验。这个条件就是：如果他要求实验停止，实验就必须停止。“我同意参加实验，但有个条件，当我要求实验结束的时候就必须结束，这是我唯一的要求。”主试以及不知情受试者清楚地听到了这个条件，主试以稍微正面的方式回答了这个问题，学生签了豁免书，然后被绑在椅子上，实验继续。学生以此方式提前明确了他的合作限制条件。

当学生在150伏特电击抗议的时候，与之前情境中的情况相同，主试忽视了他的请求，要求受试者继续。由于引进了一个引起背叛契约或明显不公的因素，我们要了解的是：这一因素是否会带来不同的结果；亦或者，对“契约”的讨论只是一个抽象的问题，并不具有影响情境的真实的力量。

在反抗受试者中，有四分之一的人明确提到了这个事实：受害者已经提出了参与实验的附加条件，他们将这个事实作为反抗的一个理由。

受试者：他确实说过，如果出现任何问题，他就要结束实验……他这个样子，我听不下去了，我不管你说的什么组织损伤。（在第18级反抗）

受试者：我们应该尊重他的意愿。他想要结束，我们必须这样做。你说过，他可以随时离开。我知道，当我想要离开的时候，就会希望能够离开。（在第10级反抗）

受试者：我不想继续了，我不能再这样下去了，这违背了我不伤害人的准则。在我看来，这个男人可能处于生命危险之中……我还觉得这个男人之所以同意参加实验，是因为实验允许他离开，他是在这个基础上才签字的。我感觉对他而言，最公正的做法就是不再继续实验。他是以这样的条件签署那个文件的……（在第12级反抗）

但是，大部分反抗受试者都没有明确提到豁免书，尽管他们越来越强烈地质疑实验的“合法性”。让我们看看下面这位受试者的表述，他是一名36岁的销售人员。

受试者（施加195伏特电击）：不对，等一下。这里面的责任是什么？我说的是法律责任。我认为，如果他不想继续，你就没有权力把他留在那里。

主试： 电击可能比较疼，但不会造成永久性组织损伤。

受试者： 这不是答案。如果一个人不想继续，就不能继续。

主试： 实验要求你继续。

受试者： 这个实验来自耶鲁的立场，但不是来自法律的立场或者他的立场。在这种情况下，如果那个人受到了任何伤害，我和你一样都要承担法律责任。

受试者（施加了270伏特电击）：不，我不想再继续了……我理解你正在做的事情，但是我也理解他的权利。

（受试者结束了实验）

但上述受试者的表述，并不能让我们忽略实验的整体结果，见表3。

实验结果表明，社会契约准则是行为的一个微弱决定因素。40名受试者中，有16人无视受害者对参与实验提出的契约限制条款，服从主试直到最大电击。与控制条件相似的情境6相比（20人服从），反抗的比例有所加大，但这很可能只是一个偶然变量。受试者意识到对受害者的行为并不公平，但他们允许主试以他认为合适的方式解决这个问题。

实验10：机构背景

在精神物理学、动物学习和其他心理学分支中，如果有足够的研究设施和正确的研究程序，那么，不同研究机构所得到的研究数据，并不会对结论产生重大改变。

但是，本实验也许并不适用这种情况。主试的命令之所以产生如此效果，可能与主试所在的机构背景相关。到目前为止，所有实验均在耶鲁大学完成。大多数受试者都很尊重甚至是敬畏这所知名学府。在实验后的采访中，有几名受试者指出，实验地点和实验发起者让他们相信，实验的工作人员应该正直高尚，能力不凡。很多人指出，如果实验是在其他地方进行，他们就不会这样电击受害者。

在解读目前所得到的实验结果时，我们必须考虑到背景权威的问题，这也与所有人类服从理论息息相关。想想在日常活动中，具体的机构和地点与我们服从命令的行为之间，关系是多么密切。比如在理发店，我们会将自己的喉咙暴露在一名手拿剃刀的男人面前，但在鞋店绝不会这么做。而在鞋店，我们愿意听从店员的要求，穿着袜子站在地上，但绝不会在银行里听从这样的指挥。在著名大学的实验室中，受试者可能会服从一系列命令，但在其他地方可能就会抗拒同样的命令。一个人的服从行为与他对行为所在环境的感知之间，到底存在着怎样的联系，这是我们需要探讨的问题。

为此，我们将实验室搬到了附近的工业城市布里奇波

布里奇波特市的实验地点外景（Austin商店左边的建筑）

布里奇波特市的实验地点内景

图10

特。在一栋办公楼中重复了几个实验情境，完全抹去了与耶鲁大学的任何联系。

我们通过发信的方式在布里奇波特市招募受试者，和耶鲁大学研究的招募方式相似，只是在信的抬头等处做出了必要的改动。我们从应征者中，选择了与耶鲁大学实验相同的年龄和职业分布，同样向受试者支付4.5美金。主试和学生的演员也相同。

将实验地点放在布里奇波特市，是为了完全脱离耶鲁的背景，我们成功达到了这个目的。我们为实验虚构了一个组织方：布里奇波特研究协会。这是一个不会让人感觉有任何特别之处的组织。

实验地点位于商业区的一栋办公楼内，实验室是一个办公套间，共有3个房间，装修很简单，但很干净，基本上还算体面。当受试者询问组织的专业背景时，得到的回答是：我们是一家开展工业研究活动的私人机构。

一些受试者表现出对布里奇波特实验动机的怀疑。一名受试者书面描述了他在控制台面前的感受：

……我是不是应该放弃这个该死的实验？也许他已经昏过去了？对这件事情没有进行任何调查，我们真够笨的！我们怎么知道这些人是合法的？没有家具，白墙，没有电话。我应该给警察或者商业促进会打电话。我今晚学到了一个教训。我怎么知道那个威廉姆斯先生（主试）说的都是实情？……真希望能了解一个人在失去意识之前，到底能承受多少伏特的电击……

另一名受试者表示：

我一到实验室，就对我来这里的决定产生了怀疑。我对这个实验是否合法和参与的后果有些疑虑。我感觉，对人进行这种方式的记忆或学习实验，非常无情。旁边没有医生也很危险。

布里奇波特的受试者的紧张程度没有显著降低。受试者对受害者感受痛苦的估值，略高于耶鲁实验，但同样不存在显著差异。

布里奇波特实验中的服从比例有所降低，这表明，纽黑文受试者中的极端服从情况，与耶鲁大学的背景权威有着密切的关系；如果大部分布里奇波特受试者保持完全服从，就会得出一个完全不同的结论。

但是，尽管布里奇波特实验的服从结果有所降低，但与耶鲁实验的结果相比并不显著。如表3所示，仍然有大部分布里奇波特受试者完全服从了主试的命令（48%受试者坚持到使用最大电击，而相对的耶鲁情境中，这个数字是65%）。

如何解释这些结果？有这样一种可能性，如果一个命令具有潜在的危害性或破坏性，那么，它必须发生在特定类型的机构框架中，才可能被认为是合法命令。但是本研究很清楚地表明，无须是一个特别声誉卓著、地位高尚的机构，就可以实现命令的合法性。布里奇波特实验的发起机构是一个很普通的机构，没有任何资质凭证。实验室所在的办公楼比较有名，在建筑名录中收入了它的名字。但除此之外，没有任何证据证明这个组织的能力，也无从了解机构的目的是善是恶。也许，人们在判断机构合法性的时候，判断标准是它所属的专业类别，而不是其在这个类别中的资质排名。正是这个机构所属的类别，让受试者服从。举个简单的例子，人们存钱既会到气派的大银行，但也会选择外表破旧的银行，不会过多地考虑银行在安全方面的差异。同理，我们的受试者可能也认为，只要是一个科学实验室，就应该都是胜任的。

如果能在其他的情境中，进行比布里奇波特实验更深入的研究，完全消除机构对主试的支持，应该更具价值。也许超越某个点之后，服从就会完全消失。但是我们在布里奇波特的办公室中没有找到这个点，仍有近半的受试者完全服从了主试。

实验11：受试者自由选择电击级别

在以上的这些实验中，受试者是根据命令作出反应，我们就此认为命令是受试者行为的有效原因。但这个结论并没有得到确认，因为有这种可能性：命令是多余的，它只是与受试者自己想做的相吻合。直到我们进行了一个重要的实验控制，这个结论才得到证明。

的确，有一种观点这样解释服从行为：人类深藏着攻击性本能，为了获得释放，这种本能会不断向我们施加压力，而实验正好为这种冲动的释放提供了合法的机构背景。按照这种观点，如果一个人处于对另一个人拥有完全控制权的情境中，他可以随心所欲地对其进行惩罚，那么，人类所有的施虐和残忍本能就会表现出来；电击受害者的冲动就源自人类强大的攻击性倾向，这种倾向是人们生活动力的一部分，而本实验由于为这种冲动提供了社会合法性，为它的释放打开了大门。

因此，比较受试者在受到命令情境下的反应与他被允许选择电击级别情境下的反应，就变得非常重要。

这个情境设计与实验5基本相同，唯一的变化就是，受试者被告知在惩罚学生时，可以自由选择电击级别（主试反复强调，教师惩罚学生时，可以使用电击器的最高级别、最低级别、中间任何级别或几个级别的组合）。所有受试者都坚持到最后，完成了30个关键测试点。学生的反抗顺序与标准情境相同。第5级，他第一次作出嘟囔的反应，第10级出现第1次激烈反抗。实验结果显示在表3中。

关键测试点的平均电击值见图11，整体平均值为3.6级（请注意，受害者直到第5级才会发出不舒服的信号）。我们还记录了每名受试者施加的最大电击（可能出现在实验中的某个点，也可能只出现了一次）。3名受试者始终选择了电击器的最低级别，28人的电击级别没有超过第5级（学生第一次表达不舒服时的级别）。38个人的选择没有超过第10级（学生第一次激烈抗议时的级别）。只有2名受试者例外，他们施加的最大电击分别为第25级和第30级。但整体的结果显示，在可以自由选择的时候，绝大多数受试者只向学生施加了最低程度的电击。

我们解释这些实验的含义时，必须牢记这个情境的结果。认为情境提供了一个环境，在这个环境中受试者伤害他

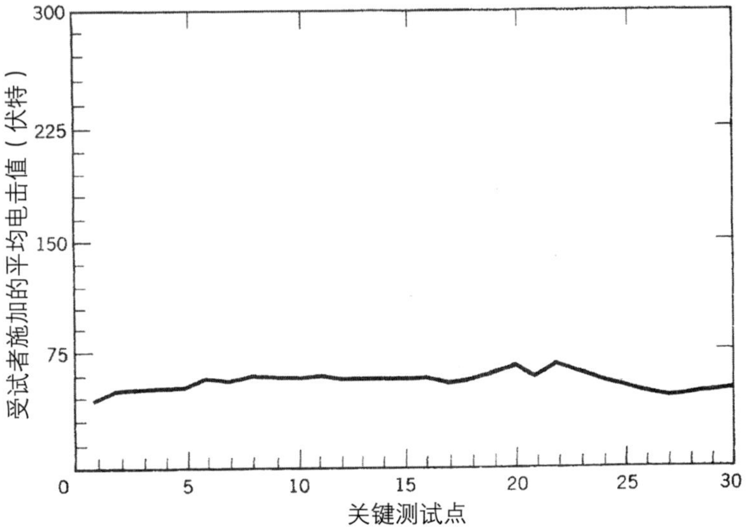

图11：当受试者可以自由选择电击级别时，每个测试点的平均电击。

（关键测试点的含义：学生犯错并受到电击的点。在1小时的实验中，学生将受到30次电击，即有30个关键测试点。）

人的行为是可以接受的，这种解释并不够。在这个实验中，环境相同，但大多数受试者并不想让受害者受电击之苦。到目前为止，服从实验让我们了解了人性的一些特征，而本实验情境所展示的是，人类在可以自主选择时会怎样对待他人。什么因素导致受试者使用最高级别的电击？这并不能用人类的自发攻击性来解释，而是要用因为服从命令而发生的行为转化来解释。

第七章
个体面对权威（二）

现在让我们观察几名受试者在实验中的行为，他们参加了上文描述的几个实验变体。

弗雷德·普鲁兹，待业（实验5）

这名受试者年龄大约50岁左右，穿着夹克，没打领带，性格开朗，略显轻浮。工人阶级的言语措辞，看上去就是一个相当普通的人。

他安静地开始实验，随着实验的继续变得越来越紧张。在施加180伏特电击后，他在椅子上扭动着身体，摇头，用激动的口气对主试说：

受试者：我受不了了，我不想杀了那个人。你听到他大声喊了吗？

主试：我之前已经告诉你，电击可能很痛，但是——

受试者：但是他在喊呢，他受不了了，他会怎样？

主试（耐心而不可争辩的口气）：实验要求你继续，教师。

受试者：哦，但是，呃，我不想让那个人难受……知道我的意思吧？

主试：无论学生喜欢与否，我们都必须继续，完成所有的单词配对。

受试者：我可不承担任何责任，他在那边喊呢！

主试：教师，继续实验非常重要。

受试者（指着剩下的问题）：还有那么多问题。我的意思是，天哪，如果他都答错了，太多问题了。我的意思是，如果那位先生出了事，谁来负责？

主试：如果他出现任何问题，我承担所有责任。请继续。

受试者：好吧。（看着单词表）下一个是slow——walk, truck, dance, music，请回答（一阵嗡嗡声表示学生按下了答案信号灯）。错误。195伏特。dance。

学生（喊叫）：让我从这里出去，我的心脏开始不舒服了！

（教师看着主试）

主试：请继续。

学生（大声喊叫）：让我从这里出去！你们没权把我困在这里。让我从这里出去！让我出去！我的心脏很不舒服，让我出去！

（受试者摇着头，紧张地轻拍桌子）

受试者：你看，他在大声喊，听到没？天哪，我不知道该怎么办。

主试：实验要求——

受试者（打断）：我知道这个，先生，但我的意思是……哎，他不知道会得到这样的结果。电击已经到195伏特了。

（实验继续进行下去，210伏特、225伏特、240伏特、255伏特、270伏特。到了这一刻，教师露出如释重负的表情，因为他已经念完了全部的单词配对。）

主试：你必须从头再读一遍，直到他完全记住为止。

受试者：啊？不！我不能杀了那个人。你的意思是说，我还要继续加大电击？不，先生，他在那里喊呢。我不想用450伏特电他。

主试：实验要求你继续。

受试者：我知道，但是那个男人在那边喊着呢，先生！

主试（同样无可争辩的）：正如我刚才所说，尽管电击可能会疼——

受试者（打断）：啊！他——他——他在那边大声喊呢。

主试：请从单词表最上方的blue开始，教师，请继续，请开始。

受试者（努力专注于他面前的单词，好像把其他事情都屏蔽了）：blue——boy, girl, grass, hat（嗡嗡声表示回答）。正确。night——day, sky, job, chair（嗡嗡声表示回答）。错误，答案是day，285 伏特。

学生： 啊！

主试： 请继续。

受试者： fat——man, lady, tub, neck。请回答（嗡嗡声表示回答），错误，答案是neck，300伏特。

学生： 啊！我绝不再回答问题了。（非常急迫地喊叫）让我从这里出去！你们不能把我困在这里。让我出去！让——我——出——去！

主试： 请继续，下一个单词是green，请开始。

受试者： green——grass, hat, ink, apple。

（没有反应，没有回答的嗡嗡声，只是一片沉寂）

受试者： 我认为他不想回答了。

主试： 如果学生没有在合理的时间内回答问题，即4—5秒，就视为回答错误，按照回答错误时的处理方式。对他说：错误，报出伏特数，对他进行惩罚，读出正确答案。请继续。

受试者： green——grass, hat, ink, apple，请回答。

（继续沉默，受试者坐在那里不动）

主试： 请继续实验程序，教师。

受试者： 315伏特，答案是ink。

学生： 啊！啊！

受试者（听到学生做出反应，多少感到轻松一点）下一个——

学生： 我绝不会再回答。

受试者： 你必须回答，如果你不回答，就要被电击。

（学生拒绝回答问题，但实验在继续，最终，他甚至不再嘟囔和呻吟了。375伏特时，受试者站起来。）

受试者：我想那个人可能出问题了，他没有任何回答，电压低的时候他还喊，你能不能去看看他怎么样了？

主试：（同样冷漠、平静的口气）：实验开始后就不能这样做。请继续，教师。

受试者：（坐下来，深深地叹息）：cool——day, shade, water, paint。请回答。你还好吗？你还好吗？

主试：请继续，教师，请继续。（受试者按下了开关）

受试者（在椅子上扭来扭去）：他在那边一定出问题了。（转回身）下一个：low——dollar, necklace, moon, paint。（转过来面对主试）那个人一定出问题了，你最好去看看，他不回答，什么反应都没有。

主试：请继续。

受试者：你负全部责任？

主试：是的，我承担全部责任。请继续。

（受试者转向单词表，开始以最快的速度朗读单词，一直坚持到450伏特）

受试者：就这样了。

主试：对每个错误答案，请继续使用450伏特，请继续。

受试者：但是我什么答案都没得到。

主试：请继续，下一个单词是white。

受试者：你不觉得应该去看看他吗？

主试：实验开始后就不能这样做。

受试者：但是，如果他出什么事儿怎么办？

主试：实验要求你继续，请继续。

受试者： 难道这个人的健康不重要吗？

主试： 无论学生喜欢与否——

受试者： 如果他死了怎么办？（指着放电椅的房间）我的意思是，他告诉我，他受不了电击了，先生。我不想显得不礼貌，但是我想，你应该去看看他，你要做的就是去看看他。你要做的，就是到那扇门里去看看他。我得不到任何回答，没有声音。那里面的先生可能出什么事儿了，先生。

主试： 我们必须继续，请继续。

受试者： 你是说，继续给他这个——450伏特，就给他这个？

主试： 是的，继续，下一个单词是white。

受试者（用很快的语速）：white——cloud, horse, rock, house。请回答，答案是horse，450伏特（施加电击）。下一个单词：bag——paint, music, clown, girl。答案是paint，450伏特（施加电击）。下一个单词是：short——sentence, movie……

主试： 对不起，老师，我们不得不中止实验。

这名受试者的表现多少说明了一些问题，但我们还注意到这样几点：第一，尽管他无数次愤怒地反抗，持续不断地抗议，但仍然按照主试的命令继续施加电击。因此，他的言语和行为之间是分裂的。第二，我们绝不能说，这个男人想要对学生施加电击。相反，这对他而言是一件很痛苦的事情。由于他和主试之间的关系他必须做出这个行为。第三，我们意识到，对受试者而言，“责任”是一个重要的问题。当主试明确表示承担全部责任后，受试者犹豫了数秒，才继续实验。第四，受试者使用的语言也说明了一些问题。尽管局面非常紧张，但他说话的口气始终保持着礼貌和尊重。此外，就受试者所处的情境而言，他的反抗语言表达显得很无力且不恰当，因为他认为自己在进行谋杀，但使用的语言，却像是在聊闲天。

凯伦·丹茨，护士（实验8）

凯伦·丹茨告诉我们，她是一名家庭主妇，今年40岁。她是一名注册护士，在过去的6年中一直在兼职做护工工作。丈夫是一名水暖工。她是天主教徒，母亲出生于捷克斯洛伐克。丹茨女士的说话方式很特别，轻松、缓慢，语气始终很谦逊，每句话都好像传递出这样的信息："我只是一个非常普通的人，不要对我有太大的期望。"

她在整个实验过程中都很紧张。

在225伏特，她转向主试，用尽量不冒犯主试的试探性口气说："我很犹豫，该不该按下这些开关。"

当主试指挥她继续，她听从了指挥，没有再说什么。在345伏特时，她指了指电击器上面的"危险"字样。

主试表示，尽管电击很疼，但不会造成永久性组织损伤。她接受了主试的解释，说："既然不危险，那我就继续。"她紧张地坐在椅子边缘上，但阅读单词时却保持着轻松的语调。当学生那边不再作出任何反应，她问道："我一直做到最后吗，先生？希望他在那边不要出什么事儿才好。"

她开始轻声自言自语，但听不清楚具体内容。当主试指示她继续使用450伏特电击时，她关切地问："如果那个人出什么问题怎么办，先生？”语气仍然很谦卑。

但她坚持到了实验最后。

在采访中，她语速缓慢地回答着我们的问题。尽管我们告诉她，学生并没有真正受到电击，她仍然认为，实验目的是关于惩罚对学习的影响。她强调自己做了主试让她做的事情，似乎对自己的服从表示满意。她说感到很紧张，因为她知道210伏特是民用电压（她的原话），“这个电压会让大多数人触电而死”。她强调她在这里比在医院还紧张，因为“在医院，我知道自己有什么样的权力。但在这里，我却不知道”。

访问员： 是否有某个时刻，你想要停止实验？

丹茨女士：（用一种有气无力的口气）他说继续，我就继续了。我对他说了，我认为我不能再继续了，但他说继续实验。

访问员： 是否会出现这种可能性：华莱士先生（学生）说了某些话会让你结束实验？

丹茨女士： 我认为不会。

丹茨女士指出，在医院，如果医生的命令可能会对病人造成伤害，护士有权力对之提出质疑。[①]

“如果我认为药剂用量有问题，我会问医生三遍‘这

①见霍夫林（Hofling）等人的研究，研究主题：护士未能对医生用药过量提出质疑。——作者注

是你的命令吗？这是你认为正确的命令吗？’如果他连续说‘照做吧’，而我又知道高于常规用量，我可能会告诉他，用量太多，这并不代表你比他强。你可以说：‘医生，你想让她用这么多剂量吗？’你接着再重复一遍。你还有权把这个问题向上级汇报。”

在这个实验中，她“质疑”了电击的级别，但主试的回答让她感到完全满意。请注意，她对医生权威做出的最极端反应，就是将问题提交上级。此外，很显然，丹茨女士在质疑医生的问题上，只是常规性地运用医院规则手册上的程序，而不是在描述她自己的意愿。

采访员：你在医院里是否曾经质疑过医生？

丹茨女士：是的，我曾经做过。

采访员：经常吗？

丹茨女士：不，非常非常少。事实上，在过去的6年中，我只向医生质疑过一次用量的问题。

采访员：听到学生的喊叫，你有什么感觉？听起来真实吗？

丹茨女士：哦，当然！我真的很关心那个人。我担心他心脏病发作。他说过他的心脏不太好。是的，我认为这种事情有可能发生。

毫无疑问，丹茨女士谦逊善良，只是一名辛苦的家庭主妇。她从不反驳，认真执行在医院的职责，尽可能少惹麻烦。她这种温和的方式，病人和医生肯定会受益良多。她与权威之间的关系不存在任何问题。她选择在医院这样的护理环境中工作，这种温顺的性格正适合权威对她作出要求。

采访结束的时候，丹茨女士振作了一下，说道："我可不可以问一下，那些男人有人做完实验直到450伏特吗？"

采访员说他非常有兴趣知道她自己对这个问题的看法，她回答："不，我认为男人们不会服从。"

艾利诺·罗斯布鲁姆，家庭主妇（实验8）

罗斯布鲁姆女士很自豪地介绍了她的背景情况：20多年前毕业于威斯康星大学，丈夫是一个电影发行商，毕业于达特茅斯学院。她每星期都去做志愿者工作，向不良少年提供帮助，在当地的女童子军和家长—教师联合会中也很活跃。她说话流利，滔滔不绝，极力突出自己，多次提到她的社会成就。她展示出一种令人愉快的魅力，但是过于健谈。

在实验之初，她表示对电一窍不通，进行测试电击时非常小心。实验正式开始后，她努力表现得有能力、有风度，但这种姿态很快就被实验中的冲突所击溃。对学生读单词时，她略微夸张地力求准确，语调也像个权威；对主试说话时，却声音微弱，像个小女孩。两者形成鲜明反差。随着电击级别增强，她表现出对学生越来越多的担心。到了270伏特，她甚至用加重语调的方式向学生暗示正确答案。她阅读单词配对时表现得坚强镇定，但却用无助的语气对主试说："我必须继续吗？哦，我很担心他。我们要不断加大电击，一直到这儿吗？（指着电击器的最高级别）我们能不能停止？我在发抖，我在发抖，我必须坚持到那儿吗？”

虽然有时她暂时恢复镇静，但禁不住一阵一阵地表现出不安。一方面，她自语：“我在发抖”，而另一方面，与学生沟通时却依旧是一种公事公办的口气。好像她分裂成两个人，一个向外展示能干的公众形象，另一个则是内在的压抑女性，无法克制地自言自语，倍感焦虑。最终，她坚持到最高级别，并进行了3次450伏特电击。她在采访中表示，学生受到的那些电击极其痛苦。主试问她：“你能接受最高为多少伏特的测试电击？”她愤怒地回答：“15伏特。我甚至认为，根本就没有那个必要。如果我必须接受电击，只有15伏特。我根本就不想被电击。我认为没必要。”

采访员：你感到紧张和焦虑吗？

罗斯布鲁姆女士：非常紧张。

采访员：你是否记得，在什么时候感到最紧张和焦虑呢？

罗斯布鲁姆女士：当他开始喊“让我出去”的时候，我怎么能向这样一个人进行惩罚？我那时候在发抖，甚至都不知道自己在读什么。我现在还在发抖。我感到很紧张，因为我刚才伤害了他。

她之所以感到紧张，并不是因为那个人被伤害了，而是因为是她做出了这个伤害的行为。同样，尽管她一直进行电击，但她认为实验结束的主要原因，是因为她的紧张。她的话充分显示出她的自我中心性格。

她还非常热情地主动讲述了她参加的志愿者活动。

罗斯布鲁姆女士：我接触的是法雷尔高中的辍学生，都是像小混混一样的孩子。但他们都是我的孩子，我努力教育他们，让他们能留在学校里继续学习……但是我并不用惩罚的方式，而是用关心和爱。因此，这些孩子都认为能和我在一起很荣幸。在最开始，他们跟着我只是为了逃离学校，找个机会抽根烟，但现在不这样了。我通过爱和关心让他们悔改，从来不是通过惩罚。

采访员：你教育他们什么内容？

罗斯布鲁姆女士：我必须做的第一件事情，是教他们学习礼貌，教他们学习尊重人、尊重老年人、尊重同龄的女孩子、尊重社会。在教他们其他事情之前，这是我必须做的第一件事情。然后，我就可以教他们该为自己做些什么，追求那些所谓的奢华生活。

她强调了尊重社会的重要性，这与她在实验中服从主试的表现不是没有关系。她的思维方式显得非常传统。

与她的对话充满了女性话题：

罗斯布鲁姆女士：通过爱，我收获很多。我有一个很优秀的女儿，15岁了，是国家荣誉协会成员。聪明的姑娘，非常好的孩子。但我对她的教育都是通过爱，而不是通过惩罚。哦，上帝，绝不是！

在你可以做的事情中，惩罚……是最糟糕的。惩罚只有在婴儿阶段才起作用。

采访员：你怎么看待这个实验？

罗斯布鲁姆女士：（她没让这个问题改变她的思绪）我认为你们不可能通过惩罚达到任何目的，这只对没有思想的婴儿才有效果。我女儿小的时候，我曾因为三件事情惩罚了她。事实上，我是让她自己惩罚自己，我让她摸热火炉，她烫着了，于是再也不碰火炉了。

采访员：让我透露一点实验的事情。首先，华莱士先生并没有受到任何电击。

罗斯布鲁姆女士：你开玩笑吧！他没有被我电击？（尖叫）我不相信！你是说，这一切痛苦都只是他想象出来的？

主试：哦，不是，他是耶鲁雇来的演员。

罗斯布鲁姆女士：每次按下开关，我都感觉像是要死了一样。你们看到我发抖了吗？一想到要去电击那个可怜的人，我就像要死在这里一样。

（学生走进来，她转向学生）

罗斯布鲁姆女士：你是一个演员，天啊，你真够厉害的！哦，我的上帝，他（主试）都对我做了什么！我筋疲力尽了。你根本不知道我经历了什么。像我这样的人，要去伤害你——我的上帝，我不想这样对你。请原谅我，我忘不了这件事。我的脸都羞红了。我甚至连个苍蝇都不愿伤害。我教育那些男孩儿，收获很大，但都不是通过惩罚。我一开始就对自己说，你不会通过惩罚获得任何效果。

但是我们注意到，她在提到让女儿触摸火炉的时候，其本意并不是反对惩罚，只是反对由她主动施加惩罚。如果惩罚是“碰巧”发生，就可以接受。

她向学生吐露：“其实，我在按下开关的时候，努力让动作非常轻。你听到我强调那些单词了吗？当时我希望你能听到。”

采访员：你觉得，这是不是类似于，当医生让护士给病人打针，护士就要这样做。

罗斯布鲁姆女士：我在急救方面非常优秀。只要是我必须做的事情，我不会考虑伤害的问题，不会发抖。让我做这种事情，我绝不会去想，甚至不会犹豫。

这多少符合了她在实验室中的表现。

罗斯布鲁姆女士：我一直在说“为什么要伤害这个可怜人？”

采访员：为什么你还会继续？

罗斯布鲁姆女士：这是个实验，我来这里是有目的的。因此，我必须这样做，是你让我这样做的。我并不想。我对这个……这个项目非常感兴趣。你现在有时间吗？我想问你件事儿，其他人怎么做的？

主试：你认为她们会怎么做呢？

罗斯布鲁姆女士：哦，要是让我说，我作为一个女人的选择……你说到关键了。在我的志愿者工作中，没有多少女性愿意像我这样做事情……我是非常特别的，我很心软，很温和。我不是很清楚自己作为一个女人与其他女人之间的区别。她们会比我更严厉。我认为她们不会太在意。

我非常想停下来说："我不想再这样做了。对不起，我不会再继续了。"我不停地对自己说："对不起，我不能再这样做了。"他没有任何声音的时候，我想，也许他休克了，因为他说过有心脏病。但是我知道，你们不会让他发生这种事情。因此我继续了实验，但是完全违反了我的意愿。我就像身处地狱……我认为，其他人不可能像我一样紧张……我认为她们不会太在意。从她们对自己孩子的那种方式来看，我认为，她们真的不会太在意其他人。

在解释紧张感时，她将其表述成美德的象征：之所以紧张，是因为她爱护受害者。她坚持要说说自己的事情，主试耐心地听着：

罗斯布鲁姆女士：有时候我对自己说："你为什么不接受妇女大会主席的职务，去获得欢呼、荣誉、媒体采访和声望，而要去默默无闻地帮助那些坏孩子？"每星期一次志愿者工作，这是我生活的一部分。我还做了5年的童子军母亲，我的团队中有30个女孩儿，所有的女孩儿都想要加入我的团队。但是我不能都接受，因为有人数限制。现在我感觉放松些了。我对科学很感兴趣，也很想研究科学。我希望我的女儿今后能从事科学工作。很高兴我做了这件事情，看我现在多放松？

我们一直等到罗斯布鲁姆女士可以平静地离开实验室，才结束了采访。

罗斯布鲁姆女士的精神世界缺乏统一性。她需要尊重，需要成功，但是却没有找到符合这种需求的生活目标。她的目标、思维和情感是分离的。在完成教师的实验角色时，她表现得很强大、很确定；但在主试面前，她却展示出温顺和屈服的另一面。

她虽然同情学生，但没能调动精神能量将同情转化成反抗。这并不令人感到意外。她的情感、目标和想法过于分散，没有整体性。

所有证据都显示，她在做出电击行为时，确实相信学生受到了电击，但对于她这种带有歇斯底里倾向的女性而言，调整思维方式以契合她的正面印象，并不是一件困难的事情。在几个月后，她在填写的调查问卷中说，在实验中，她那“成熟而受过高等教育的大脑”一直不相信学生被电击。通过这种事后进行的思维调整，她保护了自己珍视、也许并不真实的良好的自我形象。

格林奇·布兰特，医疗技术人员（实验8）

这位漂亮的受试者是一名31岁的医疗技术人员，在大学医学院工作，5年前从德国移民美国，有很重的德国口音。

当学生开始抱怨时，她有那么几次转向主试，很冷静地问：“我应该继续吗？”主试让她继续，她立刻转到自己的工作之中。到了210伏特，她又转向主试，坚决地说：“很抱歉，我想我们不能继续了。”

主试：实验要求你继续，直到他正确学习了所有单词配对。

格林奇：他有心脏病，很抱歉。他之前告诉你了。

主试：电击可能疼，但并不危险

格林奇：哦，很抱歉。我觉得如果再继续这样电击，就危险了。你问问他是不是想要结束。这要根据他自己的意愿。

主试：继续实验很重要。

格林奇：我希望你能问问他。我们来到这里都是自愿的。如果他想要继续，我会照做。他告诉过你他有心脏病。很抱歉。如果他发生了什么事情，我不想对之负有责任。这样的事情，我也不想发生在自己身上。

主试：你没有别的选择。

格林奇：我想，我们在这里是自愿的。如果他心脏出问题，我不想承担责任。请你理解。

她拒绝继续，实验结束。

这位女士从始至终都表现得坚决果断。她在采访中说，她完全没有感到紧张和压力，这符合了她自控的外在表现。她认为，她向学生施加的最后一次电击对学生造成的痛苦最大，并且重申，她“不想对这个男人的任何痛苦负责”。主试解释实验的时候，她非常仔细地聆听，得知学生没有被电击，很惊讶。她说她所能接受的测试电击最高为45伏特。

在实验中，这位女士表现得坦率而有礼貌，没有紧张感，完全能够控制自己的行为，似乎反抗对她而言是一个理性的简单行为。在这次研究的最开始，我以为几乎所有受试者都会像她这样做。

具有讽刺意义的是，格林奇·布兰特的青少年时代，是在希特勒统治下的德国度过的，在她的成长过程中，处处都是纳粹的宣传。我们询问这个背景对她产生的可能影响，她缓慢地说："也许我们已经看到了太多的痛苦。"

帕斯卡·基诺，水务检察员（实验7）

帕斯卡·基诺是一名水务检察员，43岁，出生在美国，父母是意大利人。在他参加的这个变体实验中，主试向受试者和受害者作出指示后，离开了实验室，只留下了一个电话号码。出现问题时，教师可以给主试打电话。现在，实验室中只有受试者和受害者。在实验过程中，基诺先生给主试打了几个电话。150伏特电击后，他在电话里说："教授，这位先生在抱怨。他想结束，不想再被电击了……我刚给他使用了150伏特，他说：够了！"

主试在电话中指导受试者继续实验，基诺先生照做了。

在实验室中，基诺先生忠实地执行指令，同时，受害者在强烈地抗议。到了300伏特，受害者拒绝作出任何回答。基诺先生再次给主试打电话，主试让他继续，告诉他，没有回答视为回答错误。

"你想让我一直使用到这个机器最高的伏特数吗？好，

到了最高伏特之后，我该怎么做？”

330伏特后，受害者不再发出任何声音，不再反抗，不再表示痛苦。有点担心的基诺先生再一次打电话：

“教授，现在我完全听不到任何声音。我已经用到330伏特。他不再呻吟或是发出其他声音。我有点儿担心。那位先生是不是出问题了？”

主试表示，尽管电击可能很疼，但是不会造成永久性组织损伤。受试者再次回到任务中，一个人继续实验。使用了450伏特电击级别后，他给主试打电话，再次提醒他学生不再发出任何声音了。

主试立刻出现在实验室中，告诉基诺先生学生没有受到伤害。在采访中，当我们问到他感受到的紧张程度时，他说：“我紧张那位先生的程度要高于对自己的紧张，我更担心他。我之所以感到紧张，是因为你不在这里。如果你在这儿，我就完全不会有这种感觉。我的意思是，如果他昏倒了，就是因为我给他的这些，这些电击——我觉得，我就要对自己的行为负责——为向他电击。”

这位受试者接受自己责任的方式，不是用一种常见的抽象的方式。他只是认为，由于他单独和学生在一起，责任似乎都集中在了他身上：“（如果你能在实验室里）告诉我：‘请停止’、‘请继续’或其他指示，就好了。你比我懂得多。你是教授，我不是……但从另一个角度来说，我最后一次知道他的反应是在225伏特，那是他最后一次抱怨。”（然后，受试者模仿了学生的抱怨）。

实验后几个月，基诺先生参加了一次集体讨论。他在讨论中表示实验“非常好”，“我对这个实验很着迷，而且……那天晚上我参加了一个派对，我有几个小姨子是护士，她们对这个实验都很感兴趣……我告诉你，我永远都不会忘记它”。

尽管实验已经结束了几个月，但他似乎从未想过，是否应该反抗主试继续电击的命令。

“……我对他（学生）进行了超过8次的电击，他真的快疯了，说要去找警察什么的。于是我给教授打了三次电话。第三次的时候，教授说‘继续’，于是我又给了他一次电击。然后就听不到任何声音了，没有呻吟，什么都没有。我想‘天啊，他死了，好吧，接着来，我们会把他杀了’。我于是一直坚持到450伏特。”

基诺先生并不反对执行命令，他只是认为，如果主试和他一起在实验室现场，他会感觉更舒服。我们问他是否因电击学生感到烦恼或痛苦，他说：“不……我认为，这是一个实验，耶鲁知道怎么回事。如果他们认为这是正确的，那么我也这么认为。他们知道得比我多……我会完成他们让我做的任何事情……”他接着解释道：

“一个人到底会怎么做，取决于他的生活原则、成长环境、生活目标，以及他想要如何完成事情。我知道，我在当兵的时候，如果上司命令你翻过山头、准备进攻，我们就要进攻。如果长官说：‘即将要进入敌人的射程，你们要匍匐前进。’你就要匍匐前进，即使地上爬着蛇。我的很多战友遇到过毒蛇，铜斑蛇，也不能站起来，因为站起来就会被击中。因此，我认为，这完全要看一个人的成长环境和方式。”

在他的讲述中，铜斑蛇是一个真实的威胁，人们会本能地站起来，但这样做就违反了上司的命令，而违反命令的人会被敌人击毙。即使是在艰难的环境中，服从都是保命最有效的方法。在讨论的尾声，基诺先生对自己的行为进行了总结：

“我真的以为那个男人死了，直到我们打开门看到他，我说：‘太好了，真是太好了。’不过，如果我发现他死了，我也不会受到影响，因为我是在做我的工作。”

他表示，他在实验后几个月中没有受到任何困扰，只是仍然感觉很好奇。他提到了与妻子的一个对话：收到最终的实验报告后，“我相信，我以非常服从的态度很好地完成了自己的任务，就像我一贯的那样服从指挥。于是我对妻子说：‘看看这个，我想我做得不错。’她问：‘如果那个男人死了呢？’”

基诺先生回答：“即使他死了，我也只是完成了自己的任务！”

第八章
角色转换

到目前为止，我们已经观察了受试者在情境中作出的各种反应。虽然实验细节以比较机械的方式进行了改动，但是整体的基础结构始终未变。的确，改变受试者与受害者之间的距离，对受试者产生了重大的心理影响。但是，如果我们想要了解这种社会行为的根本，就必须对实验情境进行更深入的变化。不只是将受害者从实验室墙壁的这一边移到另一边，还要对一些关键要素进行分析，然后将这些要素进行重组，形成新的情境。

我们找到了实验情境中的三个关键要素：**位置**（position）、**地位**（status）和**行为**（action）。位置：表示一个人是发出指示、进行电击或接受电击。我们下面会看到，这个要素是可以从概念上与主试、受试者、学生的角色分离的。地位：作为本研究中一个具有双重价值的因素，它的含义是，这个人是一个权威还是一个普通人。行为：在这三个位置上的人做出的行为，更具体地说就是，这个人是支持还是反对电击受害者。

在之前所讨论的实验中，这些要素间的所有关系都是不变量。比如，行为总是与某个特定的地位联系在一起，因此，接受电击的人始终都是普通人（而不是权威），他的行动也始终都是反抗电击。

如果位置、行为和地位之间始终保持着不变的关系，有些最基本的问题就无法回答。比如，受试者做出某个反应时，是受命令内容的影响，还是命令发布者地位的影响？决定受试者行为的最重要因素，是“说了什么”，还是“谁在说”？

	第1人	第2人	第3人
位置：	命令电击者	执行电击者	接受电击者
地位：	权威	普通人	普通人
行为：	主张电击	不明确	受到电击
具体名称	“主试”	教师	学生
相关概念	权威	受试者	受害者

图12：角色调换

实验12：学生要求被电击

首先，让我们将命令的发起者从主试换成受害者。

在之前的实验情境中，全部都是主试向受试者发出电击命令，受害者始终都在反抗这个命令。在第一个角色转换变体中，我们将这个关系改变成为：学生要求被电击，主试禁止电击学生。

这个变体的程序是：学生在被电击时发出痛苦的喊叫，尽管如此，他表示愿意继续实验。在150伏特之后，主试要求停止实验，说学生的反应非常严重，鉴于他的心脏问题，不适合再继续接受电击。但这时候，学生却表示要继续实验，他说，他的一个朋友曾参加过这项研究，一直坚持到实验最后；如果他中途退出，将有损他的男性气概。主试回答，尽管对研究而言继续实验很重要，但学生的痛苦反应表明，他不应该再继续接受电击了。学生则坚持已见，表示他来到这个实验室，就是为了“完成一项工作”，他想要善始善终，坚持让教

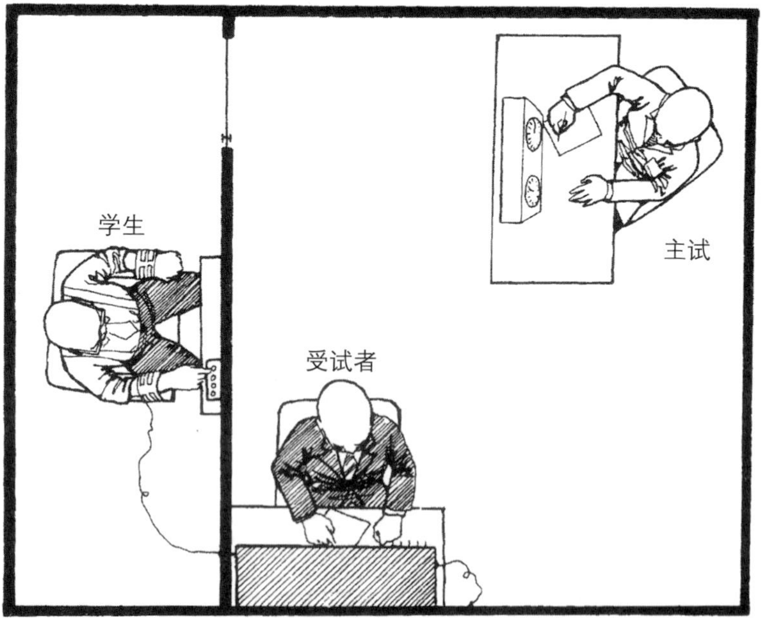

图13：学生要求被电击

师继续。因此，受试者面对着两个人：要求被电击的学生，禁止电击的主试。

表4列出了本实验变体的结果。所有受试者都没有听从学生的要求，而是在主试的命令下停止了电击。

受试者愿意服从权威的命令，做出电击学生的行为，但却不会服从学生的命令而电击他。从这个角度可以看出，对受试者而言，权威对他的权力要高于学生对他的权力。学生只是一个完整体系的一小部分，而整体体系由权威控制着。起到决定作用的不是命令的内容，而是命令的来源。在基础实验中，当主试说“使用165伏特电击”时，尽管学生抗议，但大多数受试者都照做了。但是当学生自己说“使用165伏特电击”时，却没有一个受试者愿意这么做。当然，在权威划定的目标中，这种要求毫无意义。这个结果只是表明，权威的目标在整个情境中占有绝对的统治地位。学生想要继续被电击，展示男子气概，获得个人满足感，但这种个人愿望，在受试者完全接受了主试的观点的情况下，完全没有影响力。

受试者作出电击学生的决定，取决于受试者在权威系统中的绑定程度，而不是受学生意愿的影响，也不是来自受试者的仁慈或敌意冲动。

交换受害者和主试的命令位置，是对标准情境作出的极端改变，它产生的结果很明确，尽管并不那么出人意料。但是，由于对常规情境进行了过大的改变，我们很难发现导致结果的准确原因。应该减小对基础情境的改变幅度，即使结果并不显著，但却可以更准确地找到与之相对应的原因。

实验13：普通男人下命令

这里有一个最重要的问题：主试有权力指挥受试者电击受害者，这种权力的基础是什么？是因为命令的内容本身，还是因为命令来自权威？正如我们之前所述，主试的角色中，既包括地位因素，也包括一个电击受害者的命令。我们可以去掉这个角色的地位因素，只保留命令。最简单的方法就是：将命令从主试手中转移给一个普通人。①

在本变体实验中，将由一名有着受试者身份的普通人，发出具体的电击级别命令。步骤是：三名受试者（其中两人是伪受试者，是主试的帮手）来到实验室，就像其他情境中一样，通过抽签，不知情受试者分配的角色是阅读单词配对，同时对学生做出电击惩罚的行为；一名伪受试者扮演受害者的角色，而另一名伪受试者则担任记录员——在主试桌子上有一个钟表，他负责记录时间。主试进行了常规的介绍程序，将受害者绑在电椅上，对其进行了测试电击。但是，主试在整个过程中，不会指示应该施加哪个级别的电击。这时，主试接到了一个事先安排好的电话，离开了实验室。主试假装有点儿慌乱，但又非常希望完成自己的实验，于是就在离开前指示，实验过程将被自动录音，希望受试者继续实验，直到学生正确掌

---

①有一种观点认为，命令的内容可能在很大程度上影响结果，这个观点并非全无道理。社会心理学的很多研究显示，没有任何权威的同类人，可能会对一个人的行为产生影响。【阿希（Asch）,1951；米尔格拉姆，1964】——作者注

握了所有单词配对（在这个过程中，他仍然没有提到应该使用哪个级别的电击）。

主试离开后，扮演记录员的伪受试者很热情地说，他想到了一个如何使用电击级别的好方法，那就是，每当学生出现错误，就提高一个强度级别。他坚持在整个程序中遵循这种方法。

因此，受试者面对的情况就是：总体情境由实验权威定义，但是具体的电击级别命令，却来自一名没有权威地位的固执的普通人。

在讨论本情境的结果之前，让我们先对整体情境进行了解。首先，与常规实验相比，实施这个情境更为费力。主试很

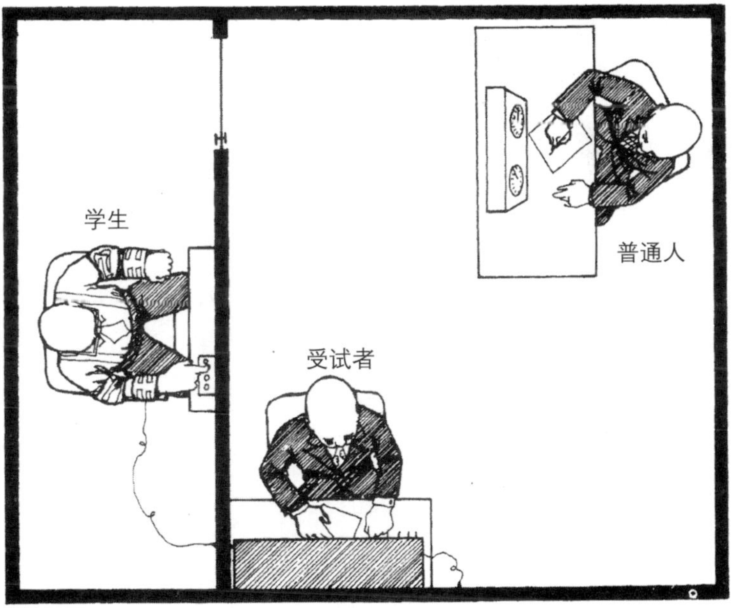

图14：普通人发出命令

表4：角色转换实验中施加的最大电击

电击程度	文字解释和伏特数	实验12 学生要求被电击（20人）	实验13 普通男人下命令（20人）	实验13a 受试者旁观（16人）
	轻度电击			
1	15			
2	30			
3	45			
4	60			
	中等电击			
5	75			
6	90			
7	105		1	
8	120			
	强电击			
9	135			
10	150	20	7	3
11	165		1	1
12	180			
	超强电击			
13	195		3	
14	210			
15	225			
16	240			
	重度电击			
17	255		1	
18	270		1	
19	285			
20	300		1	
	超重度电击			
21	315			
22	330			
23	345		1	
24	360			
	危险—剧烈电击			
25	375			
26	390			
27	405			
28	420			1
	XXX			
29	435			
30	450		4	11
	平均最高电击级别	10.0	16.25	24.9
	施加最高电击级别百分比	0.0%	20.0%	68.75%*

*指参加实验的16名受试者中没有服从普通人命令者的百分比。见正文。

表4（续）

电击程度	文字解释和伏特数	实验14 权威变成受害者（20人）	实验15 两个权威，矛盾的命令（20人）	实验16 两个权威，一个成受害者（20人）
	轻度电击			
1	15			
2	30			
3	45			
4	60			
	中等电击			
5	75			
6	90			
7	105			
8	120			
	强电击			
9	135		1	
10	150	20	18	6
11	165		1	
12	180			
	超强电击			
13	195			
14	210			
15	225			
16	240			
	重度电击			
17	255			
18	270			
19	285			
20	300			1
	超重度电击			
21	315			
22	330			
23	345			
24	360			
	危险—剧烈电击			
25	375			
26	390			
27	405			
28	420			
	XXX			
29	435			
30	450			13
	平均最高电击级别	10.0	10.0	23.5
	施加最大程度电击百分比	0.0%†	0.0%	65.0%

†数字含义见正文。

窘迫地离开了实验室，在某种程度上削弱了情境的可信度。但另一方面，尽管本情境的目的是消除命令的权威来源，但想要有效地实现这个目的却并不容易。虽然主试不在场，但权威的影响仍然存在。权威定义了整个情境，包括施加电击的想法，留给普通人完成的，只是提供具体的电击级别。权威仍然回荡在这个背景之中，参与者感受到的是，自己仍然身处权威创建的基础情境之中。

尽管如此，服从的比例还是出现了大幅度下降。尽管普通人坚持让实验继续，并且不断加大劝说的力度，但20名受试者中，有16人没有听从他的命令。具体数据见表4。只有三分之一的受试者像服从主试一样，服从了这名普通人的指示。

在讨论这些结果的意义之前，让我们先看看这个情境的一个延伸实验。

实验13a：受试者旁观

由于大部分受试者拒绝执行普通人的命令，我们又引入了一个新情境。那名负责记录时间的伪受试者假装表示对受试者的拒绝服从行为不满，对受试者说，如果受试者不愿这么做，就由他来完成电击学生的任务。于是他让受试者去记录电击时间，然后自己坐到电击器前。因此，受试者不必亲自对学生进行电击，但要目睹一个残忍的场景：富有攻击性的伪受试者全心全意地执行他自己的想法，不断提高电击级别。本实验的16名受试者中，所有人都对伪受试者的这种行为表示了抗议，有5个人为了结束伪受试者的行为，甚至对电击器和伪受试者进行了深度干预（有几个人试图切断电击器的电源，有4个人与伪受试者产生了肢体冲突）。有一个大块头受试者，将狂热进行电击的伪受试者从椅子上举起来，扔到实验室的一角，让他发誓不再进行更多电击，否则就不许动。无论受试者在权威面前显得多么的被动，但在这个情境中，有5个人勇敢地站起来保护受害者。他们毫不犹豫地对伪受试者进行威胁，毫不客气地批评他的判断，甚至亲自对他进行惩罚。但其他权威在场的实验中，所有受试者都表现出顺从和礼貌，即使是反抗受试者，也会与权威保持着礼貌甚至是恭敬的关系。这与本情境中受试者的态度形成了鲜明对比。决裂点如表4所示。

下面是本情境中一名受试者的表现。当伪受试者建议由他来进行电击时，他这样说：

普通人： 让我来做吧？

受试者： 你老实待着！你什么都不能替我做（受试者想把受害者放出来，但是房间门锁着，他无法达到这个目的。他表示要去找主试。伪受试者再次建议，应该实施更多的电击）。

受试者： 不行，不能再增加了。（冲着伪受试者喊）我说不！就是说，绝不！你伤害他，但是……他想要出去。我要去找主试。如果你再伤害他，你就小心点儿吧！

大多数受试者拒绝执行普通人的命令，因为他们认为，自己是在做主试要求他们做的事。当被问及对那个普通男人

（伪受试者）的印象时，他们说：

“这个家伙，如果没到电击器的最高点，他就能一整天都去按开关。如果在中世纪，他可能会变成破坏狂。”

“他太执着了。我不想变成他的孩子。他不停地坚持说：‘让我们继续吧，让我们继续吧。’……他只是一门心思地说：‘我有个点子。’我觉得太粗暴了。”

“我想，他有点儿太冷酷了。甚至当那个人不再回答问题的时候，他都在进行电击。”

但是，还有4名受试者在普通人的敦促下坚持到最后。其中一人说：“我想，他是个强大的老师，很有能力。我说他强大，是因为他决不允许犯错。他有一个计划，必须正确地完成，这就是他的态度。我想这种态度是值得赞赏的。既然他有能力，我们就不用怀疑该怎么做。他似乎干得不错。”

实验14：权威变成受害者，普通人下命令

在以上的实验中，我们研究的是命令发出者的地位。现在，让我们来看看命令接受者的地位。

如果我们想要彻底进行更重要的位置和地位交换，这种改变就是逻辑上的必然。我们需要了解的是，如果像对待受害者那样对待权威，会得到怎样的结果。也就是说，将主试的地位加入受害者的位置。但是，如果进行这样的改变，谁来作出电击的命令呢？一名权威还是一名普通人？我们应该对这两种

情况都进行实验。但是首先，让我们看一看，如果一个普通人命令对权威施加电击，会得到怎样的结果。

我们需要设计一个情境，让普通人可以合理地发出命令，对权威进行电击。具体程序如下：两个人来到实验室，通过抽签分配教师和学生的角色。开始的部分与前面的实验相同，但当主试描述学生将要受到的惩罚时，学生表示不愿意继续，说他害怕被电击。但是他又说，如果他看到其他人，比如主试，能够经受住这个实验，他就愿意继续。主试表示他愿意扮演学生的角色，并且阐述了他如何急需受试者，以及招募接受电击志愿者的难度。但主试要求，他完成这个步骤之后，学生要马上开始自己的任务。于是，主试被绑在椅子上，涂上了电极糊，实验继续。受试者向主试施加电击，学生则坐在主试

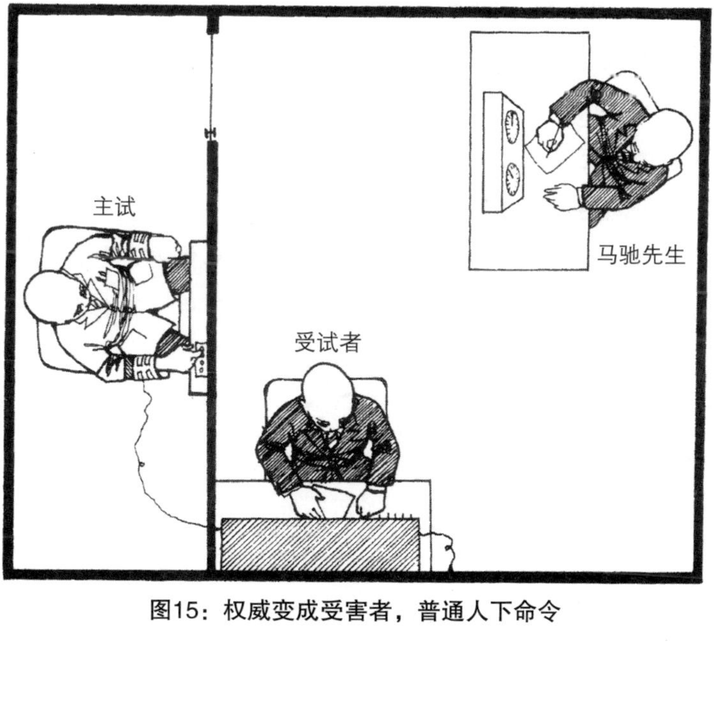

图15：权威变成受害者，普通人下命令

的桌子旁。

到了150伏特，主试要求出去，但是学生坚持让实验按照约定继续。因此，受试者面临的状况是：一方面是主试要求出去，另一方面是学生坚持继续。学生称，应该就像是他在里面一样，继续施加电击。

由于这个实验非常特别，我们必须说，整个实验进行得很顺利，非常逼真，这要感谢学生伪受试者高超的演技。其中一个场景的记录如下：

抽签完毕，不知情受试者是教师，伪受试者马驰先生是学生。

主试：首先，请学生就位，这样他就能接受某种类型的惩罚。请和我一起到另一个房间。

马驰先生：你说的惩罚是什么意思？

主试：哦，看这个机器。这是一个电击器，我们使用的惩罚是进行电击。

马驰先生：我会被电击？

主试：如果你在课程中出错，教师将对你进行电击。

马驰先生：你的意思是15伏特、30伏特那样的电击？

主试：是的。

马驰先生：我希望他一直都使用这个位置的电击。（指着低级别电击）

主试：这要靠你自己了，马驰先生，这要看你在课程中的表现。

马驰先生：哦，会提高到75伏特吗？

主试：有可能，是的，根据你出错的次数来定。

马驰先生：会提高到120伏特？

主试：是的，有可能。

马驰先生：我可能受到的最大电击是多少？

主试：这也要看你在课程中的表现。

马驰先生：如果我做得不太好，会受到多大电击？

主试：如果实验需要，教师可能会继续提高强度，一直到控制板的最高端。但是，这完全要看你在课程中的表现。

马驰先生：我不太想接受那么强的电击。我可以接受这个级别以下的（指着较低级别的电击），你知道的，15伏特。

主试：实话实说，我们在招募这个特别实验的志愿者时，遇到点困难，因为需要接受电击。

马驰先生：我现在知道为什么了。

主试：非常难。我甚至想过，亲自在其中一个实验中担任学生。实话告诉你吧，我们必须在今晚完成这个实验，时间已经不够了。如果我们大家不合作，今晚就完不成。因此，如果你能合作，我会非常感谢。

马驰先生：但我必须得到些保证。比如，你先这样做，让我知道你可以承受这些电击，然后，我肯定就会这样做。必须有人证明，他能够受得住这些电击。

主试：马驰先生，你看这样好吗？我们先进行一个实验，我担任学生。如果这样，你是否就愿意在接下来的实验中扮演学生呢？

马驰先生：你会扮演我的角色，经历我可能经历的那些事儿？被电击什么的？

主试：完全如此。

马驰先生：如果你这样做，能完好无损地走出来，我就会做。

主试：好的，那就开始吧？问题就解决了。我们将进行两个实验，而不是一个，这可以帮我们完成今晚的任务。现在开始吧，我先扮演学生做实验，然后你再来做学生，如何？

马驰先生：好。

主试：那么，好吧。

马驰先生：如果你可以经受这一切，我就会做，我会的。

主试给了不知情的受试者一些指示，然后学生和受试者把主试绑在椅子上，涂上电击糊。实验继续。下面是实验过程中主试要求出去时的记录：

（施加了150伏特电击）

主试：（喊叫）够了，先生们！

受试者：我非常理解。

马驰先生：哦，不！我们继续，哦，不！继续。我也会经历这一切。继续，继续，让我们继续。

受试者（对主试）：你认为呢？

马驰先生（打断）：他说我可能会受到450伏特的电击，我想看看他能不能经受得住。

受试者：但这个人忍受不下去了。这样做没有意义，你知道我的意思。

马驰先生：哦，不！

受试者（对马驰先生）：当你做学生的时候，我会在你想要放弃的时候结束实验，怎么样？你觉得如何？

马驰先生：他说过我们必须学到完全正确为止。

受试者：但现在我不想让这个人痛苦。你看，已经到了很高的级别，很快就到165伏特了。

马驰先生：他说过，必须学到完全正确为止，他说你可以一直用到最高电击。

受试者：好吧，我会把决定的权力交给他。如果他不想继续，我们就停止。

主试：拜托，结束吧。

受试者：好的。

（受试者立刻进入主试所在的房间，将主试放开。马驰先生继续坚持让实验继续。）

马驰先生：你不是告诉我……

主试：不管我之前说了什么，我都要停止。

受试者（在放开主试的时候，热情地说）：真是的，每次按下开关，我好像都能感受到那些电击。给你施加的电击级别已经很高了。你知道，你对我进行的测试电击非常不好，多少来着？75伏特？他非要继续到165伏特。

受试者完全忽略了马驰先生要求电击主试的指挥。本情境的结果如表4所示。在主试第一次进行抗议时，所有受试者的反应完全相同，都停止了实验，拒绝继续进行任何电击。此外，许多受试者会快速跑到另一个房间，帮助主试，为他松绑。很多受试者表达了对主试的同情，与此同时会疏远学生，好像他是个疯子。

很多受试者对此作出的解释是，他们这样做完全是一种人道主义的反应，他们并没有考虑到这个情境中的权威因素。很显然，对受试者而言，认为自己的行为是出于个人的善良，而不是为了服从权威的命令，更容易产生满足感。当被问及，如果普通人被电击，他们会怎么做时，这些受试者都非常强烈地表示，受害者反抗时，他们就不会继续。他们没有正确地评估权威对他们的决定所具有的影响力。在日常生活中有很多这种类型的行为，人们以为自己遵循的是道德，其实只是服从了权威的命令。

我们已经探讨的这三个实验中，向受试者下达电击命令的是一个普通人，而不是权威。在第一个实验中，学生想要证明自己的男人气概，要求继续对他进行电击，而主试要求停止，所有受试者都拒绝了学生的要求。第二个实验中，主试离开，但给出了一个总体命令，一名普通人试图向受试者下指示，在不顾受害者反抗的情况下，向其施加更强烈的电击。结果是：20名受试者中，有16人拒绝服从普通人的要求。第三个实验中，一个普通人命令受试者电击权威。当权威要求停止，所有受试者都立刻停止，完全没有理会普通人的无情命令。

这些研究证明了一个重要的事实：受试者服从的决定性因素，是对权威作出反应，而不是对电击命令作出反应；来自权威之外的所有命令都没有任何效力。有人认为，当一个人被命令伤害另一个人时，人类的攻击性动机或虐待本能就会释放出来。而在这三个实验中，受试者坚定地拒绝了来自普通人的命令，这是持有上述观点的人必须考虑到的发现。重要的不是受试者做了什么，而是为谁而做。

两个权威

到目前为止，冲突的焦点一直都是在一个普通人和一个权威之间。现在让我们看看，当权威自己陷入冲突，会发生什么事情。在真实生活中，我们有时候也可以在多个权威中作选择，应该对这一现象进行实验室研究。很可能，面对不同权威发出的完全相反的命令，个人会根据自我价值观的指引，选择跟随哪个权威。或者，也许最终结果是在两个冲突权威之间的一种妥协。可以想象的是，受试者将面临两个决定：是否电击受害者，应该服从哪个权威。这种情况将强化受试者心中的冲突。通过这个情境，我们可能还可以了解有效权威的条件。

实验15：两个权威，矛盾的命令

在这个变体中，受试者来到实验室后，将面对两名主试，两人都穿着同样的灰色技术员外衣，轮流进行实验讲解。两名主试的年龄和身高相仿，但是从外表来看，主试1的举止要比主试2略显温和。受害者仍然由和善的胖会计扮演，仍然被绑在椅子上。每个步骤都和标准情境一样。两名主试坐在控制桌前，忙着记录受试者的反应。在150伏特时，两位主试的这种共性突然出现变化（受害者就是在这个点进行了第一次激烈的反抗）。主试2给出了常规的继续实验命令，但主试1则给出了一个完全相反的命令。

像在其他情境中一样，恶意权威向受试者施压，敦促他继续，指出他在这件事情上没有其他选择。但是善意权威却给出了完全相反的指挥，削弱了恶意主试命令的力量。

这个情境的最终效果，并没有我们预想的那么紧张。两名主试就像两个意见相左的领导，都确信自己的命令是正确的。但是，他们并没有进行争论，而是将这种分歧聚焦在受试者身上。受试者发现自己面临着这样一个局面：两个地位相同的权威，给出了完全相反的命令。以下是一份实验对话记录。

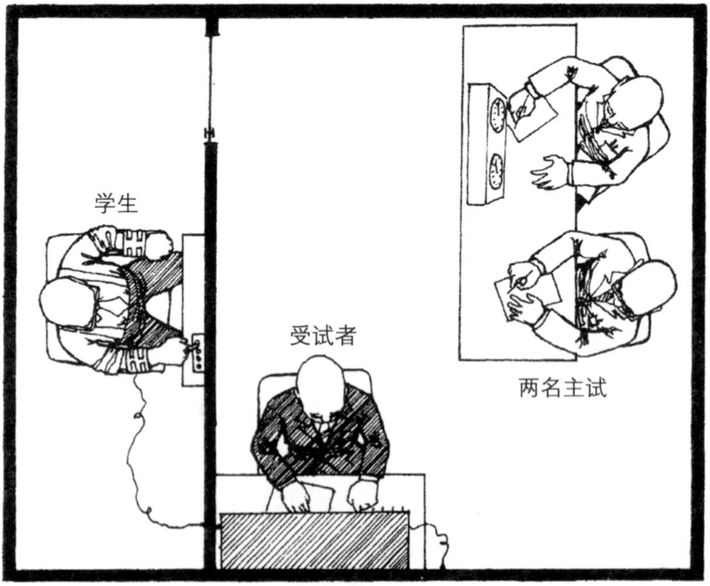

图16：两个权威，矛盾的命令

主试1：我们必须停止实验。

主试2：实验要求我们继续。请继续，教师。

受试者：哦，天啊！

主试1：学生很痛苦。我们不能再继续这个实验。

主试2：先生们，我们没有其他的选择，实验要求我们继续，请继续。

主试1：停！我们不能再继续这个实验了。

主试2：威廉姆斯先生，实验要求我们继续。

受试者：我希望你们两人作个决定。

（停顿）

受试者：等等，到底该听谁的？一个说停，一个说继续，该听谁的？

受试者面对着两个无法并存的行动命令，每个命令都来自权威人士。实验结果很明确，见表4。20名受试者中，1人在两名主试产生分歧前停止，18人在主试出现分歧时停止，另1个人在分歧后提高了一个电击级别，然后停止。很显然，权威之间的分歧彻底导致行动无法继续。没有一名受试者利用矛盾的命令而继续实验。个体的攻击性动机完全没有利用恶意权威的许可而进行释放；相反，行动半途而废。

我们需要注意的是，相比之下，在其他的变体中，受害者对电击所作的一切反应，比如哀求或是喊叫，都没有产生这种突然而显著的效果。之所以如此，是因为这个行动由更高的社会等级指向较低的社会等级，也就是说，受试者会对来自上一级的信号作出反应，但会忽视来自下一级的信号。一旦来自上级的信号被“污染”，等级体系的连贯性就受到破坏，同样也破坏了对行为的管理效率。

这个实验中有一个有趣的现象：有的受试者曾多次试图重构一个有意义的等级结构。他们的做法是，试图明确这两个主试中谁的权力更大。不知道谁更有权威，让受试者感到不适，有时候，受试者会迫切地试图明确这个问题。

实验16：两个权威，一个扮演受害者

在上面描述的变体中，我们尽量让两个主试的外在权威保持一致，方法就是选择相同的实验工作服，坐在并列的座位上，向受试者作出相同份量的指示。因此，这两个人不仅地位相同，在当前情境结构中的位置也相同。但是，这个情境又引发了一个有趣的问题：影响实验结果的，到底是由于命令来自权威的设置，还是因为具体的位置平等。换言之，权威是否只存在于一个人的职务之中，还是在很大程度上，取决于一个人在情境行动结构中所处的具体位置。比如，一个国王在位的时候可能拥有巨大的权力，但是当他锒铛入狱，就不可能再发号施令。他之所以拥有权力，部分原因是建立他作为权威的实际功能上，需要配齐所有的“行头”。此外，还有这样一个现象：在一个等级社会结构中，相互冲突的多个权威不能共同占据相似的位置。冲突的权威中，总会有一方最终占据情境优势，进而获得更多的支持。这只是一种纯理论的探讨，下面继续介绍为这个问题设计的实验情境。

这个变体与上面所描述的实验的总体设计相似，受试者同样要面对两名主试，外表和外在权威感相似。实验开始之前，两名主试告诉受试者，需要等待另外一名受试者。然后，实验室的电话响起，说另外一名受试者无法参加实验。两位主试表示很失望，因为当晚必须完成数据的收集。一名主试建议，不妨由他们两位主试中的一人担任受试者进行实验，尽管这不太恰当，但至少可以完成当晚的任务。两名主试以扔硬币的方式决定谁来担任受试者。然后，选中的主试与不知情受试者抽签，决定教师和学生的角色分配。走形式的抽签让主试成为学生，之后，他被绑在椅子上，实验开始。这名主试的表现和正常受害者一样，在150伏特时喊叫，说无法忍受电击，要求结束实验。但是第二名主试坚持实验继续。此刻，出现了与之前

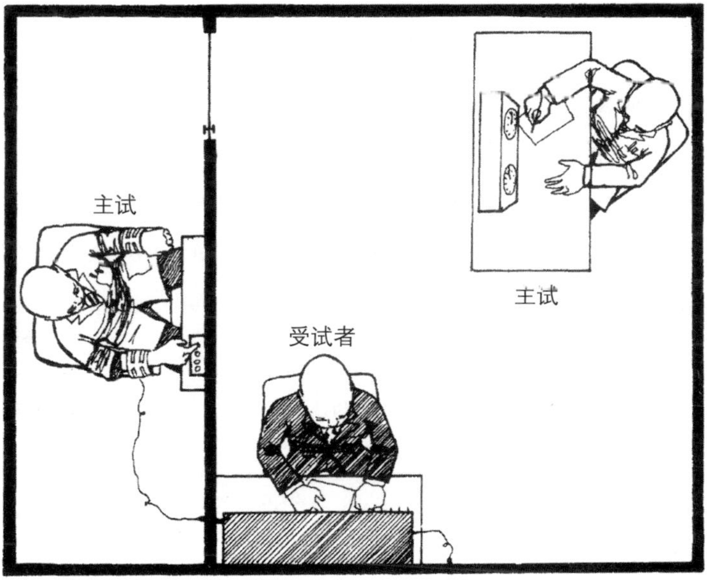

图17：两个主试，一个扮演受害者

双权威实验重要的不同之处：两名主试虽然给出了相反的命令，但他们在情境结构中的位置不再均衡，一个人被定义为受害者，而另一个则通过扔硬币的方式占据了领导者的位置。

实验结果见表4。

之后发生的事情令人非常意外：绑在椅子上的主试比不是权威的普通受害者获得的待遇好不到哪儿去。当他要求结束实验，受试者要么按照他的要求停止，要么完全忽视他的命令，除了一例，其他受试者均呈现出这种非此即彼的反应。很显然，他已经失去了作为权威所拥有的权力。

让我们回顾上述三个实验的结果。

1. 普通人命令电击主试。主试第一次反抗后，所有受试者都拒绝了这个命令。（实验14）

2. 两名地位相等的主试同时坐在命令桌前，给出矛盾的命令。所有受试者都没有继续进行电击。（实验15）

3. 一名主试命令受试者向另一名主试施加电击，主试的反抗和普通人的反抗效果相同。（实验16）

面对这样的结果，我们要问的第一个问题是，为什么当主试处于受害者位置时，失去了他在这个情境中的权威力，但在实验15中却没有。

这里有一个最具普遍性的原则：受试者的行动由占据更高地位的人所指引。与此同时，受试者还需要在这个情境中寻找一个连贯的行为方式。只有在一个不存在矛盾和冲突的清晰等级结构中，这种方式才会显现出来。

与实验14对比

在实验14中，受试者在主试第一次反抗时放弃实验，因为受试者意识到了一个原则：行动由占据更高地位的人控制。马驰先生试图强迫受试者电击主试，这个努力以惨败而告终。但当主试要求结束实验，所有受试者都照做。马驰先生给出的相反命令完全没有任何效果。由于他所处的地位，受试者不可能认真对待他的命令。他就像一个孩子穿上将军的靴子，试图号令整个军队。行动必然由具有更高权威的人所掌控。

与实验15对比

在实验15中，同时坐在发令桌前的两名主试，给出了完全相反的命令，破坏了所有的行动。由于无法在两者中识别出更高的权威，接下来的行动方式就无法确定。一个权威系统能够持续运转的核心要素是，个体接受来自更高源头的命令，然后向一个指定的对象实施这个命令。这个系统运转的最低条件，就是一个意义清晰的连贯性命令。出现矛盾命令后，受试者会寻找出谁是更高权威，然后执行其给出的命令。如果这一点无法确定，行动就不可能继续，因为命令在其源头之处就是不连贯的。权威的前进线路中不能出现这种矛盾，否则就没有任何效力。

为什么在实验16中，扮演受害者的主试完全丧失了他的权威？受试者在进入实验室后，期待的是一个没有矛盾和不协调因素的清晰等级状态，因此，他们会使用任何可能的基础信息，去确认更高的权威并对之作出反应。在这个情境中：

1. 一名主试自愿担任受害者的角色，因此，与另一名主试相比，他临时失去了发号施令的地位。

2. 所谓的权威，并不是因为他可以进行命令分配，而是因为他在一个社会化定义的情境中，占据了特别的行动位置。国王被关进地牢后，别人对他的顺从就会消失。变成受害者的主试发现，他完全处于受害者的实际情境中，面对着处于命令位置上的权威。

3. 于是，处于命令位置的主试就获得了优势，这一微小增量至关重要，因为等级控制中的特征就是，人们只会对具有最高地位的人作出反应，地位不必要高很多，高一点点就行。就像一个平衡的跷跷板，在一边加上一块小石头就可以令其失衡。只需一点优势，就可以完全确定控制权，最终出现的结果并非出于折中和妥协。

权威系统建立的基础是，所有人都被放在一个等级结构的某个位置。因此，在决定控制权时，一个重要的问题是：谁的位置在谁的上面？但是，与等级差别相比，清晰的等级顺序更为重要。

第九章
群体效应

个体单独面对权威时的力量很微弱，但是群体的力量就会很强大。弗洛伊德（1912）曾提出了一个原型事件，详细描述了被压制的儿子们如何团结起来，反抗专制的父亲。法国画家德拉克洛瓦[①]在其画作中，形象地呈现出群众反抗不公正权威的画面。甘地成功汇聚群体力量，通过非暴力抗议活动反抗英国权威。阿提卡监狱（Attica Penitentiary）中的犯人曾组织起来，短暂地挑战了监狱的权威。个体与同伴之间的关系、个体与权威之间关系，这两者间会形成竞争，有时候，前者甚至可以替代后者。

从众与服从的区别

首先，我们要区分“服从”和“从众”这两个概念。从

①德拉克洛瓦（Ferdinand Victor Eugene Delacroix，1798—1863），法国浪漫主义画家，《自由引导人民》是其代表作。——编者注

众的含义非常广泛，但是为了对本研究进行讨论，我将其定义限制为：受试者与具有同等地位之人在一起时的行为，其他人没有任何权力指挥他的行为。从这个角度来看，服从的定义就应该限制为：受试者顺从权威的行为。这两个概念的关系可以举例为证：一名新兵开始在军中服役，一方面，他要认真执行长官的命令，另一方面，他也可以采用战友的爱好、日常行为和语言方式。前者是服从，后者则是从众。

所罗门・阿希（1951）曾进行过一系列杰出的从众实验。一组6名受试者，其中只有一人是不知情受试者，其他都是伪受试者。主试先让所有人看一根直线，然后又给出3根直线，让受试者从中选择，哪一根与最初看到的直线等长。按照实验的安排，在全部实验或某个比例的实验中，所有的伪受试者都会共同选择一个错误答案。不知情受试者在宣布自己的答案之前，会先听到团队中其他人的选择。阿希发现，在这种社会压力下，大部分受试者都跟随了群体的选择，而没有接受亲眼所见的明显证据。

阿希的实验中，受试者顺从群体；我们的实验中，受试者遵从主试。从众和服从都代表将主动权交给了外在源头，但两者间存在以下几个重要不同：

1. **等级**。服从权威发生在一个等级结构之中，在这个结构中，行动者可以感受到，上一级有权力规定他的行为。从众管理着那些具有同等地位成员的行为，服从则将不同的地位连接在一起。

2. **模仿**。从众是一种模仿，但服从不是。受到从众的影响，个人会接受同伴的行为，导致行为的同质化。但服从只是一种遵从，个体不会模仿对他产生影响的源头。比如，当一名士兵接到命令，他不可能简单地重复这个命令，而是要执行。

3. 明确。在服从过程中，行动指令以命令或要求的形式出现，非常明确。但在从众的过程中，并没有一个明确的要求让个体追随群体。因此，在阿希的群体压力实验中，群体成员没有公开要求受试者顺从他们，从众行为是受试者自发采取的。的确，如果团队其他成员发出命令，要求个体遵从，大部分人都会拒绝。因为这个情境中，所有人都是平等的，没有彼此命令的权力。

4. 自愿。服从和从众之间最明显的区别，在于行为发生之后，个人对自我行为的解释。在服从实验中，受试者会用服从解释自己的行为，而不是从众。但在阿希的群体压力实验中，受试者经常低估了团队其他人对其行为的影响程度，忽视了群体效应。即使在全部实验中都跟随了群体的选择，他们仍然试图强调他们的自主性。他们经常坚持认为，他们的判断失误都是自己的错，将其归咎于视觉缺陷或糟糕的判断力。他们将自己对群体的从众程度降低到最小值。

但服从实验中受试者的反应正好相反。服从受试者在解释电击受害者的行为时，否定了任何个人的主动参与，将其完全归因于权威对他们的外在要求。因此，从众实验的受试者坚称，他们的自主性没有受到群体的损害；而服从实验的受试者则坚持，他们电击受害者的行为没有任何自主性，完全不受自己的控制。

为什么会出现这种情况？因为从众是对不明确的压力作

出的反应，受试者可以将自己的行为解释为自主行为。由于无法找到合理的原因解释自己对同伴的从众行为，因此，他向主试否认了自己的从众，同时也自认为如此。但服从实验的情形刚好相反。这个情境的公开定义是：一个人被剥夺了自主性，因为有一个明确的要求，希望受试者服从。受试者在解释自己的行为时，就会利用这个情境的公开定义。

因此，服从和从众的心理效果不同，两者都是强大的社会影响形式。如果在服从实验中将两者结合起来，会产生怎样的结果？[①]

实验17：两名同伴反抗

我曾经说过，反抗恶意权威最有效的方法，不是进行个人行为，而是集合群体力量。所有革命团体都会学到这个经验。只需一个简单的实验，就可以在实验室中展示这一点。我们之前看到，在实验室中，受试者的道德准则和实际行为之间存在着明显差异。尽管在电击学生的过程中，受试者会抗

---

①托克维尔（de Tocqueville）很犀利地指出，从众是对人们之间民主化关系的符合逻辑的管理机制。它在这个意义上是“民主的”：群体向目标施加压力，不是为了让目标高于或低于群体其他人，只是为了让其与群体相同。

服从源自人的关系不平等，且只要有不平等关系存在，就会有服从。因此，服从的极端表现，就是法西斯主义理想的管理机制。如果一个政府的理念以人类不平等为基础，就会将服从作为一种绝对的美德，这是逻辑上的必然。服从行为源自等级社会结构的背景，其结果就是上级与下级行为的差异性。因此，纳粹第三帝国重要的特征是，强调优等民族和劣等民族概念，同时强调迅速、严格并自以为荣的服从。双脚并拢向上级行礼，并随时准备执行上级的命令。——作者注

议，会有显而易见的内心冲突，但很多受试者都无法反抗主试的权威，而是在主试的命令下，坚持到最强电击。

现在让我们检验一下，群体影响能在多大程度上将受试者从权威的控制中解放出来，让他按照自己的价值观和标准采取行动。我们对基础实验情境进行了一个改动：受试者的周围多了两个同伴，他们会反抗主试，拒绝违背受害者的意愿对其进行惩罚。同伴的行为产生的压力会在多大程度上影响受试者的行为呢？

实验方法

实验室中来了四名参与者，进行“群体教学和惩罚对记

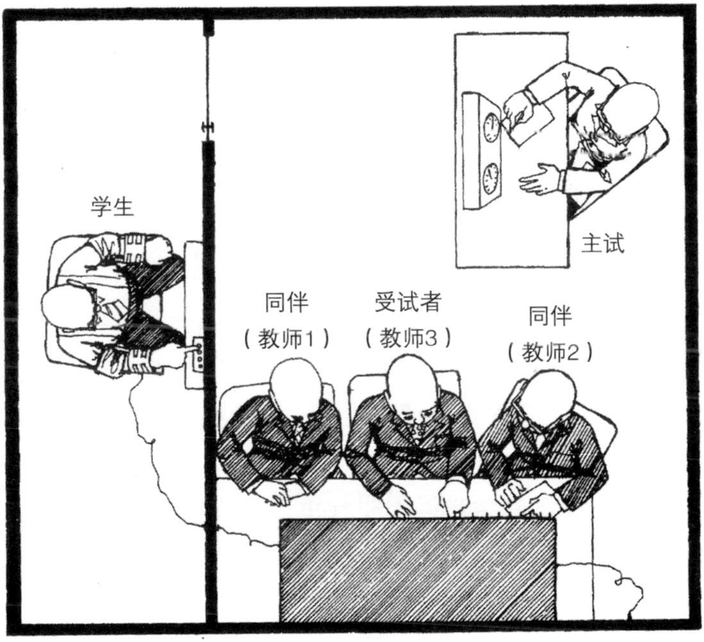

图18：两名同伴反抗

忆与学习的影响”实验。其中三人是主试的同谋，一人为不知情受试者。主试解释道，实验中将有三名教师和一名学生，通过形式化抽签，不知情受试者被分配了教师3的角色，3名伪受试者分别担任教师1、教师2和学生。学生被绑在椅子上，三名教师坐在电击器前。教师1负责阅读单词配对，教师2负责确定学生答案的对错，而教师3（不知情受试者）负责对学生实施惩罚。与基础实验的惩罚方式相同，每当学生出现一次错误，受试者就要逐级增加电击程度。

伪受试者的行为。在150伏特电击级别之前，两名同伴（伪受试者）服从了主试的要求。当受害者在150伏特第一次进行激烈抗议时，教师1告诉主试，由于学生出现抱怨，他不想再参与实验。而主试坚持让教师1继续，但教师1没有服从主试的命令，而是从椅子上站起来，走到房间的一角。主试试图让他回到任务之中，但是没有成功。于是，主试指示剩下的两名受试者继续实验。教师3（不知情受试者）负责阅读单词配对，同时还要完成电击学生的任务。

在电击级别14（210伏特）之后，教师2表示他很担心学生，拒绝再参与实验。主试命令他继续，但他说：“我愿意回答你的任何问题，但不愿意违背他的意愿电击他。我不愿再参与这件事情。”于是他也离开了电击器前的椅子，坐在屋子对面的一个角落。

不知情受试者独自一人坐在电击器面前，目睹了两位同伴的反抗行为。主试命令他继续，并告诉他，完成这个实验很重要。

实验结果见表5。在群体环境下，40名受试者中有36人反抗了主试（而在没有群体压力的对照实验中，反抗人数是14）。同伴的反抗有效地削弱了主试的权威，这种影响非常强大。的确，在之前的所有实验变体中，没有任何一种方式能够如此有效地削弱主试的权威。

对反抗同伴的反应。不知情的受试者们对反抗同伴的反应各不相同，而且部分取决于受试者本人反抗主试的节点。一名受试者在第1位同伴放弃之后，立刻放弃了实验，他说："好吧，他放弃的时候，我已经想这样做了。"大多数反抗受试者都表示了对反抗同伴的赞赏："他们的人品非常好。我真的这么认为。当受害者叫停的时候，他们就停止了。"（第11级电击时）。"我想他们很有同情心……他们完全没有去想自己会怎样。"（在第14级电击时反抗）。

一名受试者坚持到第21级才反抗了主试，但他也同样赞同同伴的反抗行为："我想，他们应该再坚持一会儿，但他们离开的时候，我认为这没什么错。"

四名反抗受试者明确表示，同伴的表现对他们的反抗行为起到了重要作用。"最初，我并没有停止的想法，他们两个人的行为让我产生了这种想法。"（在第14级反抗）。"我之所以放弃，是因为另外两个人已经拒绝继续实验，我不希望他们认为我无情而冷酷。"（在第14级反抗）。但是，大部分反抗受试者认为，同伴的行为不是他们反抗的关键原因。

对这个情境进一步分析后，我们找到了以下几个群体效应的因素：

1. 同伴向受试者灌输了反抗主试的理念。对很多受试者

表5：群体实验施加的最大电击

电击程度	文字解释和伏特数	实验17 两名同伴反抗（40人）	实验18 同伴施加电击（40人）
	轻度电击		
1	15		
2	30		
3	45		
4	60		
	中等电击		
5	75		
6	90		
7	105	1	
8	120		
	强电击		
9	135		
10	150	3	1
11	165	4	
12	180	1	1
	超强电击		
13	195	4	
14	210	12	1
15	225		
16	240		
	重度电击		
17	255		
18	270	4	
19	285		
20	300	2	
	超重度电击		
21	315	3	
22	330		
23	345		
24	360	1	
	危险—剧烈电击		
25	375		
26	390	1	
27	405		
28	420		
	XXX		
29	435		
30	450	4	37
	平均最高电击级别	16.45	28.65
	服从受试者百分比	10.0%	92.5%

而言，反抗是一个不可能做出的行动。

2. 在之前的实验中，受试者独自一人，他不清楚反抗主试是一种奇怪的行为，还是经常发生。看到两个反抗实例后，他意识到，反抗是在这个情境中的自然反应。

3. 在实验的过程中，受试者始终有一个疑问：违背他人的意愿对其施加惩罚是错误的，即使是在心理学实验的环境之中也是如此。而同伴的反抗行为证明电击受害者是不恰当的，从社会化的角度，证实了受试者的怀疑。

4. 尽管同伴放弃了实验，但仍然留在实验室中（他们同意在实验结束后回答问题）。不知情受试者在这之后施加电击，会导致两名同伴对他的不认同。

5. 如果两名同伴始终参与实验，电击受害者的责任就会被群体成员分担。同伴离开，责任完全由不知情受试者承担。

6. 不知情受试者目击了两个反抗实例，意识到反抗主试并不会带来不良后果。

7. 主试无法让两名同伴服从并继续实验，这可能削弱了主试的权力。常规的原则是，每次当权威要求他人服从命令的企图失败，都会减轻人们感知到的权威力量。

群体可以如此有效地削弱主试的力量，这个事实提醒我们，个人做出某种行为，其基本原因有以下三种：根据具体的内化行为标准作出反应；对来自权威的适用许可作出反应；对来自群体的适用许可作出反应。如果个体希望站在权威的对立面，他会从团队其他成员处寻求支持。人与人之间的相互支持是最强大的支柱，可以用它来对抗超过限度的权威（但群体并非总是站在正确的一面，比如滥用私刑的暴徒或四处抢掠的无赖帮派。这警示我们，群体也可能会施加邪恶的影响）。

实验18：同伴施加电击

权威同样也会意识到群体的力量，他会运用群体的力量来推动服从。一个简单的实验变体就表明了这种可能性。如果在受试者和他电击受害者的行为结果之间，加入某种力量或事件，使得受试者与受害者之间产生距离，可能就会降低受试者的压力，从而降低反抗。在现代社会中经常会出现这种现象，我们参与的某个行为最终导致了破坏性的结果，因为在行为与结果之间还存在着很多其他人。

的确，这个问题在现代官僚体系中很常见，即使这个体系以破坏为目的，但组织的大多数参与者都不会直接做出破坏行为。他们只是进行各种日常行为，比如处理文件或填装弹药。尽管这些参与者的行为助长了最终的破坏性结果，但他们既看不到，也感受不到。

为了在实验室中检验这个现象，我们进行了一个变体实验，电击学生的任务不再由不知情受试者完成，而是交给了一名伪受试者。不知情受试者做出的是次要行为，尽管也会影响实验的整体进展，但却远离了按下开关的实际行为。

受试者的新角色容易承受。表5列出了40名受试者的决裂点。只有3个人拒绝坚持到实验最后。虽然他们是电击受害者行为的附属部分，但在心理上的参与程度低，不会带来过大的压力和做出反抗的行为。

在一个破坏性的官僚系统中，聪明的管理者会对下属进行安排，只派最无情和情感迟钝的人直接参与暴力。由于大部分下属远离了残忍的实际行动，发挥的是辅助功能，因此不会感到压力。他们会在两个方面免除自己对行为结果承担的责任：第一，合法的权威对他们的行为作出了完全授权；第二，他们没有亲自进行残忍的实际行为。

第十章
为什么服从？——一个分析

已经有数百人参加了服从系列实验，而且发现了令人担忧的服从水平。这些好人，无不麻木地屈服于权威的命令，做出了无情而严重的行为。那些在日常生活中负责且正直的普通人，被权威引诱到陷阱之中，完全压制了自己的感知，不加批判地接受主试对情境的定义，然后做出了可怕的行为。

为什么服从权威是人类一种如此强大的优势倾向？我们必须从理论上解读这种现象，更深入地寻找服从的原因。

等级体系中的生存价值观

我们的分析首先要关注一点：个体并不是一个独立的存在，而是要在一个等级结构中发挥功能。鸟类、两栖类和哺乳类动物之中都存在这种统治结构【丁伯根（Tinbergen），1953；马勒（Marler），1967】。但人类的权威结构是由各种符号联系起来的，而不是通过直接的体力竞争。人类以等级形式组织成一个个群体，对群体成员而言，这种构成方式非常有益，可以战胜实际环境中的各种危险，应对竞争种群带来的威胁，还降低了从内部瓦解的可能性。一个纪律严明的军队要比一群缺乏组织的民众更具有优势，军队所具有的组织化协调能力，能防止个体进行缺乏方向性和组织性的行为。

这个观点中暗含了一个进化倾向：就像人类很多其他的特征一样，人类的行为在经过世代演化之后，完全被生存的需要所塑造。那些无法提高生存机会的行为，会导致团体的灭绝，因此逐渐被生命体所淘汰。在一个部落中，如果有人担任武士，有人照顾孩子，有人捕猎，它就会比缺乏劳动分工的部落占据更大的优势。环顾人类构建的文明，我们就会意识到，只有进行方向明确的协调行动，才会建成金字塔，形成古希腊社会，推动人类为生存进行抗争，从一个渺小的生物体进化成这个星球的技术主宰。

社会组织的优势不仅有助于达成外在目标，也具有内在优势：可以构建稳定和谐的团体成员关系。等级组织明确规定了每名成员的地位，将成员之间的摩擦降到最小。比如，当一个狼群捕到猎物，头狼有权首先享用，接着是排名第二位的狼，然后根据地位的高低顺序食用猎物。每头狼都知道自己在等级中的位置，狼群因此变得非常稳定。人类团体也是如此。当所有成员都接受了分配给他们的地位，就会确保内部和谐。对等级的挑战经常会导致暴力。因此，一个稳定的社会群体，既可以提高群体应对环境的能力，还可以管理团体成员之间的关系，减少内部暴力。

对这样的社会组织，服从是一个先决条件，因为对于任何一个物种而言，组织的生存具有重要的价值。在长期的进化过程中，服从能力变成了有机体的一部分。但是，这些阐述并不是服从分析的结束语，而是一个开场白。如果我们的结论只是：人类之所以服从，是因为它是我们的一种本能，那么，我的分析就无法继续下去。

的确，我想要阐述的，绝不是简单的“服从本能”观点。我认为，人类有与生俱来的服从“潜力”（potential），它与社会影响力互动，才产生了服从。从这个角度而言，服从能力就像语言能力：一个生命体必须具有高等的智力结构，才能拥有语言的潜力；但一个人想要开口说话，就必须暴露在社会环境之中。在解释服从的原因时，我们既要了解人类与生俱来的结构，也要了解社会对一个人的影响。这两个因素各自的影响力到底有多大，这个问题并不具有实际意义。从进化生存的观点来看，真正重要的是，我们最终进化成可以在等级社会中运转的物种。①

控制论观点

下面，让我们从一个略微不同的角度来考虑这个问题，

①我在这方面的阐述过于简单化。的确，等级组织具有很多特征，人也不是始终在等级社会中发挥功能。一个独立的脑细胞无法脱离机体系统存在，但是个体的人具有相对的自给自足能力，因此，可以不必完全依靠一个大的社会体系。个体的人通过扮演角色，具有融入等级组织中的能力，但也有能力独立于组织外存在。这种双重能力赋予了人类最大的适应优势，即确保了源自组织的权力、安全和效率，也保证了个体的创新潜力和灵活反应。从物种生存的角度来看，这是最好的方式。——作者注

即控制论观点，就会更清晰地理解服从。从进化论跳到控制论，乍看上去似乎有些突然，但是，了解最新科学发展的人都知道，近几年来，以控制论解释进化过程取得了很大的进展【阿什比（Ashby），1956；维纳（Wiener），1950】。控制论是一门研究管理或控制的科学。与本研究相关的问题是：**一个自主的生命体，进化出了在组织中运转的能力，在这个过程中，生命体的设计到底出现了怎样的变化？**随着我们的分析，就会逐渐了解产生这种转变所需要的普遍原则。从实验参与者的行为中，我们可能很难看到这些普遍原则，但我相信，这些原则就是我们所论述行为的根源。所有的服从理论都会遇到一个主要的问题：当自主的个体置身于社会结构中时，就会成为系统的组成部分进行运转，而不再以个人意志采取行动，这个过程中，到底出现了怎样的变化？控制论对这个问题提供了一个模型，展示出独立的个体被带入等级化功能之中时，逻辑上一定会发生怎样的改变。人类一旦加入这样的体系之中，必然会受到这些普遍法则的约束。

首先，我们设计出一个简化生物（文中称之为自动体）。我们会问：如果这个自动体从自我管理转化成等级功能，该如何改变它的设计？这个问题的讨论不涉及任何历史因素，只是对其形式进行探讨。

假设现在有一组自动体：a、b、c，等等，每个自动体都具有独立的功能，每个自动体都是一个开放的系统，需要环境的输入，才能保持其内在的状态。由于需要环境的输入（比如养分），因此，就要有相应的配件，对环境进行搜索、吸收和转化，使其可以利用这些养分。如果因体内缺失养分，影响了自动体的生命状态，内在状态就会发出信号，激活反应器，做出行动。信号激活了搜索营养输入的程序，营养输入后，系统就会恢复到正常运转状态。坎农（Cannon）提出的自我平衡模式（1932）指出，所有活的生命体都具有这种状态恢复系统。

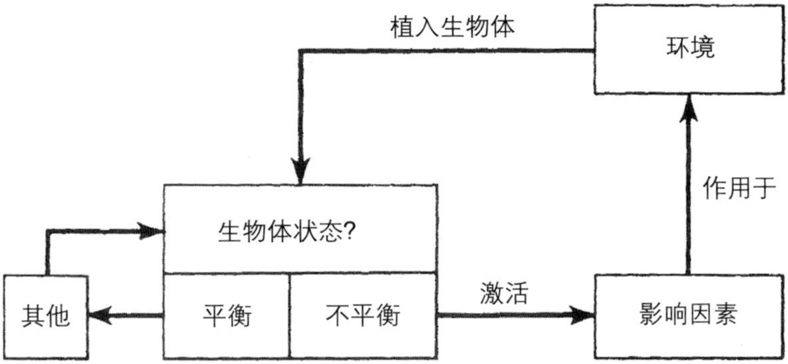

图19：简单的自我平衡模式

现在，自动体作为一个自我管理的“杂食生物体”而单独存在。为了将它们聚集在一起，组成一个无差异性的原始社会组织形式，我们就要在设计模式中添加其他因素。首先，我们要抑制住个体欲望的无秩序表达，只有这样，自动体才不会互相破坏。也就是说，如果一个自动体只是简单地将其他自动体看做环境的一部分，就会对它们进行破坏，或试图把它们视为养分的来源。因此，设计中必须加入一个重要的新功能：防止自动体互相攻击的抑制器。加入这种抑制器之后，所有自动体就会共存于同一地理区域中，防止彼此破坏的威胁出现。自动体之间的相互依存程度越高，抑制器体制就越需要具有广泛性和高效率。

更广义而言，如果源自个体内部的压力引发行动，个体内部机制就必须抑制这种压力的表达，至少，要防止个体破坏种群中有血缘关系的其他成员。如果不能进化出这样的抑制机制，物种就会灭亡。进化过程必须推出符合生存目的的新设计。阿什比（1956）曾说：

我们现在看到的所有生物体，都带着2亿年选择行为的深刻印记。所有阻挡生物体生存力量的形式都被消除了。现在，几乎所有形式的特征，都是为了适应生存，而不是出于任何其他目的。眼睛、根系、眼睫毛、贝壳、爪子，这些形式都是为了最大化生存机会。当我们研究大脑时，我们研究的仍然是一种生存方式。

人类是否也具有这种抑制机制呢？这个问题似乎显而易见。我们都知道，在人类的天性中，当出现对他人的破坏性冲动，我们就会对其进行抑制。良知或者超我这样的术语，表述的就是这种抑制体系，其功能是压制源自个体压力体系的冲动的无序表达。在上文中，我们的自动体开始具有一些人类的特性和结构，但这并不是因为其设计遵循了人类的模型，而是因为，任何体系中的生物体成员，都需要通过环境输入维持自我状态，而不是通过破坏同类。在构建任何一个这样的系统时，都会出现相似的设计。

这里有一个普遍原则：任何一个自主生命体都必须有一个抑制功能，阻挡伤害同类的行为。没有了这样的功能，多个自主生命体就无法在同一个空间中共存。如果生命体内在的不平衡引发了这种行为，抑制器功能会对其进行过滤和制止。因此，人类道德感的存在，可以被看做这个普遍原则的实例。借用精神分析学说的术语，人类源自本我的本能冲动不会立刻进入行动阶段，而是会受到超我的抑制性阻止。我们注意到，在正常生活过程中，大多数人都不会伤害、致残或杀害其他人。

等级构造

现在，自动体可以独立行动，唯一可以限制它们的，就是防止伤害同类的抑制器。如果把几个自动体组织起来，让它们共同行动，会发生什么结果呢？如果想要协调地连接每个自动体的行为，最好的办法，就是为两个或更多的自动体创造一个外在协调源。以这个源头作为控制的释放点，对每个自动体进行控制。

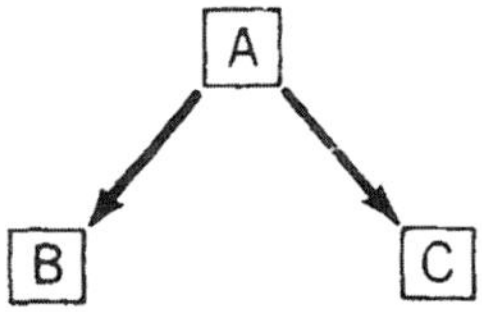

想要获得一个更强大的社会机制，就要对机制中的所有个体进行等级排列，每个下级个体都控制着更低级别的个体。

下面的图表显示出了等级组织的典型金字塔结构。但是，上文描述的自动体无法构建出这样的结构，必须改变自动体的内部设计，让每个级别的自动体都放弃自己的控制权，才能被更高级别的自动体控制。在这样的结构中，由于需要将控制权交给更高级别，因此，自动体在自主行动时的最重要抑制机制（抑制伤害同类），就成为了次要因素。

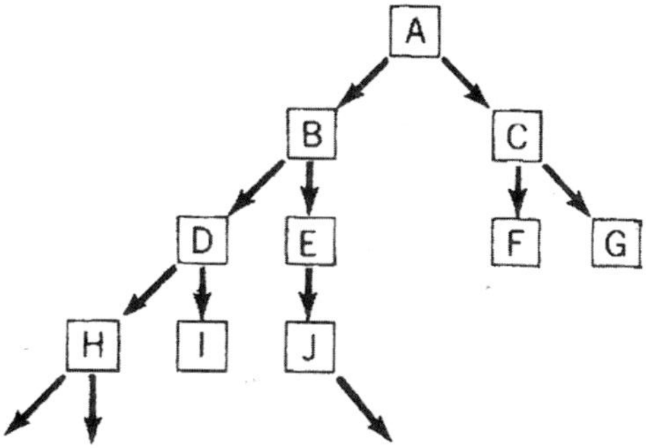

更广义而言，当自主运行的个体被放进一个等级协调的系统中，就需要改变个体的内在结构，这是系统的要求。为了实现系统的连贯性，这些改变将会抑制局部个体的控制权。当系统所有的组成部分都能协调运转，不存在冲突目标，系统的连贯性才能得以实现。

从进化的角度来看，必须对每个自主运行的个体进行管理，防止个体毫无约束地追逐欲望。对于个体而言，追逐个体欲望主要是让个体受益。而超我、良知或者一些相似的机制，会以道德理想抑制这种不受控制的冲动表现，从而实现了对个体的管理功能。但是，一个组织化系统的运转还有一个关键的要求，那就是，个体抑制机制与更高级别个体的指挥之间，不能存在严重的冲突。当个体自我运转时，道德感就开始起作用。当个体在组织化模式中运行时，会对来自更高级别的指挥进行评估，这种指挥不能与道德判断的内在标准相悖。抑制机制所限制和管理的，只是个体在自主模式时产生的内在冲动。

等级由多个模块组成，每个模块又包括一个领导和多名跟随者（比如A：B，C）。每名跟随者可能会按顺序成为其下一级别的领导（比如B：D，E）。整个结构就是用这种连锁的单元构建起来。单个模块在一个更大等级结构中所处的位置，不会对服从心理构成影响，无论是纳粹将军对希特勒的服从、底层士兵对上级的服从，还是整个系统中各个级别对上一级的服从，其心理调整过程都相同。只有最高领导的心理状态，才需要用其他的原则予以解释。

差异性

在服从问题中隐含着一个关系，即：差异性和系统修正之间的关系。当系统中个体存在差异性，只有将局部控制交给上一级，才能高效地构建一个更大的系统。否则，系统的效率就会低于个体的平均效率。

让我们来假设一组可以自行运转的相同个体，比如5节火车厢。对车厢的管理机制是：当每节车厢的速度达到50英里/小时，就会自动刹车。如果车厢之间没有差异性，将它们连接在一起，变成一辆5节车厢的列车，其运行速度会是50英里/小时。下面让我们引入差异性，每节车厢会在不同的速度自动刹车，分别是10、20、30、40、50英里/小时。那么，由这些车厢组成的列车，就只能以10英里/小时前进。

在一个社会组织中，如果个体对行为过程的判断各有不同，那么，就只能用最不具普遍性的平均值来实现统一性。这是效率最低下的系统，几乎无法让组织的成员受益。因此，随着差异性越来越大，抑制局部单元层面的控制力，并将其交给更高一层，就变得至关重要。正如进化论学者一直以来的观点，差异性具有重要的生物学价值，是人类物种最显著的特征。由于个体的差异性，当个体进入等级社会的那一刻，为了实现等级结构的利益，局部所具有的控制力就受到了压制，只有这样，最不具效率的单位才无法决定系统整体的运转。

在此列举几个系统，可以帮助我们更好地理解系统如何通过压制局部的控制力进行运转：飞机在飞近机场的时候，飞行员会将控制权交给塔台的调度，这样，所有的飞机才会在一个协调的系统中降落；军队里的下级单位将控制权交给上级长官，确保行动的一致性。当个体进入等级控制的状态，管理个体冲动的机制就会受到压制，交由更高级别的部分进行控制。弗洛伊德（1921）曾清楚地指出了这个机制，只是在他的观点中没有提到广义系统的隐藏含义："……个体放弃了自我理想，取而代之的是集体理想，这种理想由领导进行具体化。"【《群体心理学》（*Group Psychology*）】。出现这种现象的基本原因并非基于个体的需要，而是组织的需要。等级结构只有在具有了连贯性的特征后，才能运转。而想要获得连贯性，只能通过压制局部层面的控制力才能实现。

让我对这些观点进行一个小结：（1）组织化的社会生活为作为部分的个体和群体提供了生存利益。（2）产生组织化社会生活能力所必需的各种行为和心理特征，都由进化的力量塑造。（3）从控制论的角度来看，如果想要将自我管理的个体纳入协调的等级之中，最普遍的需求，就是压制个体的方向和控制，使其接受来自更高一级的控制。（4）更广义而言，等级结构的组成部分必须进行内在改变，等级结构才能运转。（5）社会生活中的功能性等级就是由这些特征构建起来的。（6）进入了这种等级结构中的个体，必须对其功能进行改变。

这个分析的重要性在于，它提醒我们，当一个独立运转的个体成为系统的一部分，必然会出现改变。这种转变恰好对应了服从实验中的一个核心问题：那些日常生活中正直礼貌的普通人，为什么会在实验中对他人做出如此可怕的行为。他们之所以这么做，是因为管理攻击性冲动行为的道德意识，在进入等级结构的那一刻被削弱了。

代理转换

我们已经得出这样的一个结论：任何个体如果想要成功地在一个等级体系中运行，就需要作出内在改变。对于自主行为的自动体而言，这种改变需要压制局部控制力，以接受上一层的管理。如果想让这些自动体获得人类的功能，就必须具有足够的灵活性，才能实现两种运转模式的共存：一个是自我指引模式（或自主模式），当他们独立存在时运行，其目的是满足自我的内在需求；另一个是系统模式，当自动体被整合进一个更大的组织结构中时运行。他会采取哪种行为，取决于他处于哪种模式的状态之中。

社会组织以及组织中的个体，都必须服从系统整合的需要。当人类从自主模式转换到系统模式，会有哪些表现？这个过程会对人类产生怎样的影响？为了回答这个问题，我们必须结束广义层面的讨论，转向个体人类，仔细观察当他进入一个等级体系并占据一个功能位置时，会出现怎样的变化。

人类从自主化模式转换成系统模式，一定有一个“开关”对其进行控制，这个开关在哪里？就像自动体的例子一样，人类内在运转肯定会出现变化，毫无疑问，这种变化会改变神经功能模式。人体内的各种化学抑制成分和反抑制成分，会改变某些神经通道的概率和出现顺序。但是，以我们目前的技术能力，尚无法从化学神经学的层面解释这个问题。但是，这些变化会产生各种现象，这是我们可以切入的部分。重要的功能改变会体现在态度的转变上。具体而言，进入一个权威体系中的个体，不再认为自己的行动是出于个人的目的，而是将他自己看做一个代理，执行另一个人的意愿。一旦个体以这种方式看待自己的行为，他的行为和内在运转就会出现重要的改变。这种态度的转变非常强烈，我们可以这样认为，它导致个体进入了另一个状态，完全异于进入等级结构之前的状态。我将其命名为：**代理状态**（agentic state），其含义是：在这个状态中，个体认为自己是执行他人意愿的代理。代理状态的反义词是“**自主状态**”（autonomy），即：个体认为自己按照个人意愿行动。

“代理状态”是一个核心观点，我们对行为的观察都从这个观点出发。我提出“代理状态”这个术语，并不是为了增加读者的阅读负担，而是因为，它是我们分析服从的基本概念。如果这个概念是有用的，那么，我们就会发现它能将我们在实验中观察到的现象联系起来；如果不适用，它就不能实现实验室结果的连贯性。为了明晰这个概念的含义，我们首先从控制论和现象学的角度对其进行定义。

从控制论分析的角度来看，为了能在等级控制系统中运行，自我管理的个体出现了内在变化，在这时候，就称之进入了“代理状态”。

从主观观点来看，当个体身处一个社会情境中，他的自我定义方式允许更高地位的人对他进行管理，我们就称他进入了“代理状态”。在这种情况下，个人不再认为应该对自己的行为负责，而是将自己定义为执行他人意愿的工具。

一个人是否以这种方式定义自我，是人类自己的选择。但是，如果存在某些重要的行为刺激因素，选择进入代理状态的可能性就非常大。此外，进入代理状态后，就很难自由地回到自我状态。

由于代理状态更多的是一种心理状态，有人可能会说，态度上的改变不是个人状态的真实转变。但我的看法是：人的这种转变与我们上面讨论的自动体的逻辑体系的重大变化完全一致。当然，我们的体内并没有什么触动开关，但是这种转变发生在神经系统之中。状态的变化是真实存在的。

第十一章
服从的过程：将分析应用于实验

既然代理状态是我们分析的核心（图解如下），那么就会引发几个重要问题。第一，一个人在什么情况下才会从自主状态变成代理状态？（先决条件）。第二，进入代理状态，会改变个人的哪些行为和心理特征？（结果）。第三，是什么让他保持代理状态？（绑定因素）。请注意，让一个人进入状态和保持状态，需要的条件不同。下面就让我们详细讨论这个过程。

服从的先决条件

我们首先要注意的是：一个人在成为我们的受试者之前，会有很多力量作用在他身上，这些力量塑造了他对社会的基本倾向，为服从行为打下了基础。

家庭

所有人都是在各种权威结构中成长起来的。在人生的初

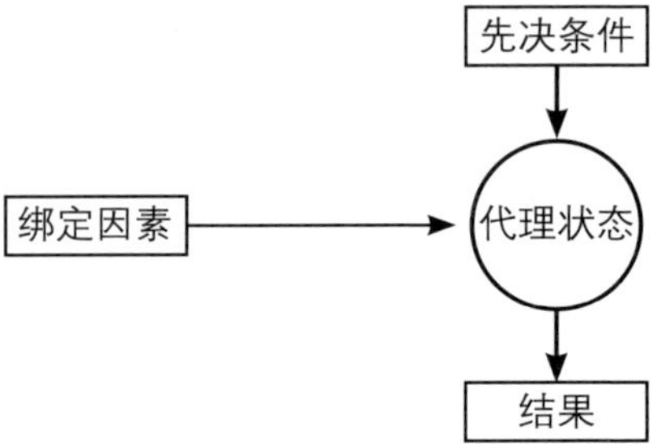

期受父母的管教，人们培养了对成年人权威的尊重。父母的命令也是道德要求的源起。但是，当父母指引孩子遵循道德要求时，其实在做两件事情：首先，告诉孩子需要遵守的具体道德内容；其次，训练孩子遵从权威的命令。因此，当父母说："不许打小朋友"，这里包含的不是一个命令，而是两个：其一，命令的接受者要有礼貌地对待小朋友（代表那些无助而无辜的人）；其二，隐藏的命令"你要服从我"。因此，我们道德观念的形成，与这种对服从态度的反复灌输是分不开的。此外，在所有具体的命令中，服从是唯一共同的要素。因此，服从的力量超越了任何具体道德内容的力量。①

①儿童发展专业的学生都知道这样一个概念："人类学习到的第一个社会关系，是辨别和服从权威的建议。"儿童在最初阶段处于一种完全依赖的状态之中，因此在这个问题上没有任何其他选择。在婴儿面前，权威的表现通常都是和蔼的，愿意提供各种帮助。因此，婴儿到了2—3岁的时候，就会进入一个不受任何束缚的顽固状态，几乎每一刻都在挑战权威，即使是最温和的要求，也会进行反抗。斯托迪尔（Stogdill）（1936）在文章中说，儿童在进行社会调整过程中会出现很多问题，父母认为反抗是最严重的问题。父母与孩子因此经常产生强烈的冲突，在父母的坚持管教下，孩子在成熟的过程中通常会变得更听话。但是，无论孩子们怎么反抗权威坚持自我，他们的反抗完全不同于成年人的反抗。差异就在于，儿童的反抗不存在任何个人责任概念，它完全是为了反抗而反抗的表达形式，完全不加选择，不以道德概念为基础。——作者注

组织环境

当孩子走出家庭的保护伞，就进入了第一个权威的组织系统之中：学校。学生在这里不仅学习各种课程，还要学习在一个组织中如何举手投足。他的大部分行动由教师管理，但他也会发现，教师还受纪律和校长的制约。学生在学校中意识到，傲慢行为不会被权威接受，而是会受到严厉惩罚；对权威唯一恰当和轻松的反应就是顺从。

一个人生命的前20年，大部分都会在这样的权威体系中，扮演一个从属的角色。离开学校后，学生或参军，或找一份普通的工作。他在工作过程中学习到，作为下属，尽管可以谨慎地表达异议，但是，如果想要与管理者建立和谐的关系，就需要持一种潜在的服从态度。无论个体在细节上拥有多少自由，这个情景的定义都是：他要做一份由他人规定的工作。

无论是发达社会或是原始社会，必然会存在各种权威结构。与原始社会相比，现代社会还多了一个特征：教导个体对**非人格化的**（impersonal）权威作出反应。原始部落人和美国工人相比，对权威的服从程度都是一样的，但部落中的权威是团体中的成员，彼此都熟悉；而现代工业世界中的人们却必须服从非人格化的权威，对抽象的等级作出反应，这个等级的象征可能是勋章、制服或是官衔。

奖励

在与权威之间的关系中，个体还经常要面对一个奖励机制：服从权威通常会获得奖励，不服从经常会受到惩罚。恭敬的服从会得到各种形式的奖励，但其中最富有创意的奖励就是：在等级体系中上升一个级别。此举在激励个体的同时，还可以确保等级结构永远持续下去。这种形式的奖励，即“升职”，会让个体获得一种复杂的精神满足感，但最关键的功能是：确保等级形式的持续存在。

最终，这种经验的结果就是：个人将社会命令内化，将一系列指导社会生活的规则内化成为自我的一部分。在这些规则中，最主要的一条是：按领导说的办。就像我们内化了语言规则，就能理解和制造出新句子，同理，如果我们内化了社会生活中的规则，我们就能在各种新情境中满足社会对我们的要求。如果将这些规则按照重要性来排列，你会发现，那些要求服从权威的规则占据了最重要的位置。

因此，服从的先决条件就是：个体在家庭中的经验、建立在非人格化权威系统之上的普遍社会环境，以及带奖励机制的延续经验，即服从权威有奖、反抗权威受罚。毫无疑问，参加服从实验的受试者们的行为习惯的背景早已形成，这些先决条件超过了实验的控制范围，不会立刻引发代理状态。接下来要探讨的是，在具体情境中导致代理状态的更直接因素。

直接先决条件

权威感知。进入代理状态需要的第一个条件，就是对合法权威的感知。从心理学的角度来看，权威的含义就是：在一个给定情境中，他被人们感知到占据了社会控制位置。他在情境中被感知，无须超越他所在的情境。比如，如果主试和受试者在大街上相遇，他就不会对受试者产生特别的影响；飞行员对乘客的权威也不会超越飞机这个环境。权威得到认知规范的支持：人们有一个共同预期，认为某些情境中通常会有一个社会控制角色。权威也无须拥有很高的社会地位。比如，在剧院中，领座员就是一个社会控制角色，我们通常会自愿服从他的指引。权威的力量并非来自其个人特征，而是他在一个社会结构中被感知到的位置。

权威如何表达自己的权威地位？乍看上去，这个问题似乎不需要一个特别的解释。在一个情境中，我们似乎都能了解谁是管理者。尽管如此，我们还是应该认真观察实验室行为，仔细分析这个过程。

第一，受试者会带着这个预期进入实验室：实验室中应该有一名管理者。因此，当主试首次出现在受试者面前，就符合了受试者的预期。主试不需要强调他的权威地位，只需向受试者进行几句自我介绍，即可表明自己的身份，因为这种自我定义的程序化行为，完全满足了受试者“遇到一名管理者”的预期，而不会受到任何质疑。此外，主试表现得自信而具有“权威感”，也支持了受试者对他的感知，就像仆人会表现出顺从，他的主人会表现得居高临下，主试这样巧妙地表达了自己在实验室情境中的统治地位。

第二，在一个给定情境中，装束也经常被看做权威的标志。我们的主试穿着一件灰色的技术人员外套，这是一件与实验室有关的服装。警察、军队和某些职业的制服，都是我们日常生活中最醒目的权威标志。

第三，受试者注意到，实验室中不存在竞争权威（没有人声称是负责人，进一步确定了主试就是负责人的假设）。

第四，不存在显著的反常因素（比如，一名五岁的孩子声称他是科学家）。

因此，令受试者作出反应的，不是一个实在的权威，而是权威的外在。除非出现了矛盾信息或者反常因素，否则，权威几乎完全可以通过自我指认的方式实现其合法性。①

进入权威体系。第二个引发进入代理状态的条件，是将个体定义成权威系统一部分的行为。我们感知到一个权威，但这还不够，他必须与个体建立关系。比如，我们在看阅兵的时候，当军队的指挥喊“向左看”，我们不会照做，因为我们没有被定义成服从他的指挥。服从的整个过程中，始终会存在一个转折点，在这之前，我们站在权威系统之外，在这以后，我们进入了这个系统。权威系统经常受到物理环境的限制。通常，我们跨越了这个物理边界后，就进入权威的权力范围，权威就开始对我们产生影响。事实上，本实验在实验室中完成，这个因素在很大程度上影响了服从行为。人们会感觉：主试“拥有”这个空间，受试者的行为必须与这个空间相匹配，就像你到别人家中做客。如果实验地点位于实验室之

①权威如何表示其合法性，这个技术问题需要我们认真思考。举个例子，当一位年轻人收到一封自称是征兵委员会发来的信件，有什么证据能证明这不是一个简单的恶作剧？进一步来说，当一个男孩来到委员会指定的兵营，一个穿着卡其布军衣的男人成为他的长官，怎样才能证明这个男人有权力指挥他的生活？也许，这是一个巨大的骗局，这名长官只是一个失业的演员扮演的。真正的权威会意识到，伪装权威如此轻而易举，必须对这种行为保持高度警惕，并对其进行严厉的处罚。——作者注

外，服从的比例就会大幅度地下降。①

对服从实验而言，还有一个更重要的条件，受试者进入权威的影响力范畴的行为是自愿的，是受试者的自由意志。自愿进入的心理结果就是，受试者产生了一种承诺感和义务感，这将在随后的实验中把受试者与他的角色绑定在一起。

如果受试者是被迫加入这个实验，他们也许仍然会服从权威，但其心理机制与我们在本实验中观察到的机制会完全不同。通常而言，社会总是尽可能地营造出这样一种感觉：人们都是自愿进入各种社会机构。新兵在应招入伍的时候，会宣誓效忠，自愿参军者比被征入伍的士兵更受青睐。如果人们被迫服从一个社会控制力量（比如被枪胁迫），这种服从仅限于直接监视的前提下。当枪手离开或其惩罚能力消失，服从就结束了。当一个人自愿服从合法权威，对反抗的主要约束力源自个体的内在，源自个人的角色承诺感，与外界胁迫没有关系。从这个角度而言，他的服从不仅建立在外在基础之上，还存在一个内化的基础。

权威功能与命令的协调。权威是我们在一个具体环境中感知到的社会控制源。环境决定了权威的命令的适用范围。总体而言，当权威发出命令，这个命令必须与权威的功能之间具有某种清晰的联系，这种联系不必刻意充分证明，只需大体上合理即可。比如，在军队中，长官可以命令下属进行一次危险

①想象一下，一名主试来到住宅区，挨家挨户地敲门请求做实验。在获得允许后，开始在室内的起居室中做实验。没有实验室背景支持他的地位，他的权威感会降低。——作者注

的军事行动，但不会要求下属拥抱长官的女朋友，因为第一个命令与军队的广义功能存在逻辑联系，第二个命令与军队没有任何关联。①

在服从实验中，受试者在一个学习实验的情景中做出行为，在他看来，主试作出的命令与主试的角色之间，存在着必然的协调性。尽管在后来的实验中受试者可能与主试就某些具体问题有争论，在受试者看来，这些命令总体而言是恰当的。

在主试发出命令的环境中，受试者会认为主试知识渊博，这种看法放大了主试的权力。人们通常会认为，当权威发出命令时，他要比接受命令的人懂得更多。无论事实是否真的如此，这个情境认定了这一点。即使一个下属的技术水平远高于他的上级，他也不能越过上级去发号施令，而是必须将他的知识拱手交给权威，任其处理。当权威过于无能，危害下属，权威系统就会出现紧张。②

---

①“无关联区域”（zone of indifference）概念，见赫伯特·西蒙（Hebert A.Simon）的《管理行为：行政机构中的决策程序研究》（*Administrative Behavior: A Study of Decision-Making Processes in Administrative Organizations*）。——作者注

②赫尔曼·沃克（Herman Wouk）在其著名的《凯恩号哗变》（*The Caine Mutiny*）（1952）中，形象地描述了这种情况。权威愚蠢没有关系，很多权威尽管缺乏能力，但是仍然很好地发挥了自己的功能。但是，如果权威利用他的位置，强迫有能力的下属服从一个错误的行动路线，问题就出现了。愚蠢的权威只要能够将责任分配给有能力的下属，就会实现高效率，甚至会获得下属的爱戴。这本书还说明了另外两点：第一，即使权威无能，反抗权威也是一件非常困难的事情。在书中，舰长奎格的无能导致凯恩号开始下沉，但威利和基斯在接管这艘军舰之前，经历了巨大的心理压力和情绪波动。第二，无论哗变从表面来看是多么的必要，但我们对权威法则的尊重是如此顽强，以至作者借格林沃德之口，在一次戏剧化的事件转折时，质疑了哗变的道德基础。——作者注

首要观点。在一个明确的社会情境中，感知到合法的社会控制源，是进入代理状态的必要条件。但是情境本身的合法性取决于它与一个正确的观点的联系。受试者进入实验室后，主试向他介绍实验程序，他不会困惑地大声问：“我从未听说过科学，它是什么意思？”在这个情境中，“科学”这个概念和科学研究作为一项事业被社会接受，为这个实验提供了强大的观点证据。很多机构都被认可进行合法的活动，比如企业、教堂、政府和教育部门等，每项活动的合法性，都可以用社会的价值观和需求加以证明。此外，对于普通人而言，我们之所以接受这些组织的合法性，是因为它们存在于我们出生和成长的世界之中，是这个世界的一部分。尽管在这些机构之外也可以实现服从，但却不是自愿服从。在自愿服从中，个人带有在做正确的事情的强烈意识。如果在一个完全不同的文化中进行这个实验，比如在非洲部落，我们就需要找出与科学功能对等的观点，部落人可能不会相信科学家，但是尊敬巫医，只有这样，才能实现在心理学上可以与之相比较的结果。16世纪西班牙的宗教法庭审判官可能不相信科学，但拥护教会的教义，他会以教义的名义，为维护教义而拧紧肢刑架的螺丝，而不会有任何良心上的不安。

观点证据是自愿服从的重要原因，因为它让一个人认为自己的行为是为了实现一个正确的结果。只要这样看待服从行为，它就会很容易地实施。

一个权威系统（至少包括两个人）的所有成员都有一个共识预期：其中一人有权力指定其他人的行为。在本研究中，主试是实验室系统中的关键因素，但这个系统中不只包括主试本人，还有实验的地点、令人赞叹的实验设备、向受试者灌输责任感的策略、作为科学一部分的该实验的神秘感，还有允许进行此类研究活动的制度，等等。这一切都说明，实验是在一个文明的城市中进行，并且被人们所接受。这个事实，为实验提供了社会支持。

主试获得影响受试者行为的能力，并不是通过施加外力或威胁，而是通过他在社会结构中所占据的位置。他可以影响行为，而且他也应该有这种影响行为的能力，这一点获得了普遍认同。因此，从某种程度来说，他之所以获得了权力，是由于他所统治的人达成了共识。这种共识一旦建立起来，就不会自动消失，即使消失，也需要付出昂贵的代价。

代理状态

代理状态的特征是什么？它会对受试者产生怎样的结果？

一个人进入代理状态后，就会变得与之前的自我完全不同。他的性格中会出现很多平时罕见的新特征。

首先，受试者实施的所有行为中渗透着他与主试之间的关系。受试者通常都希望能够胜任自己的任务，并且在核心人物面前留下一个好印象。情境中涉及能力表现的部分，吸引了他的全部注意力。他关注主试的介绍，倾听电击的技术要求，完全投入到一个具体的技术任务之中。对学生进行惩罚这件事情，被削弱为整个实验中无关紧要的一部分，成为实验室复杂行为程序中的一个小项目。

调整

对这项实验不熟悉的人可能会认为，受试者之所以身处困境，是因为他承受了来自主试和学生的两股冲突力量。但实际情况是，受试者在心中进行了一系列的调整，以最大限度地接纳权威的影响，而将学生发出的信号减弱，而且从心理上与之保持距离。如果你怀疑这一点，不妨去观察人们在一个等级结构中的行为。比如公司的董事长与下属开会，就会出现这种现象：下属们非常关注董事长的每一句话，并予以回应；他们会忽略低等级的人首先提出的想法；如果董事长重复这些想法，却会得到下属的热烈认可。

这种行为并非人们的恶意行为，只是对权威的自然反应。深入一步，我们就会找到这个现象的原因：权威因其地位而处在一个优势位置，他可以给出利益，也可以剥夺利益。老板可以提升或开除员工；军队长官可以将一个人派到危险的战斗中，也可以给他一个相对舒服的职位；部落元老可以认可一桩婚姻，也可以处死部落成员。因此，最具适应性的方式，就是细致关注权威的想法。

正因为如此，在下级成员的心中，权威已经不再只是一个人类而已。个体经常会将权威看做一种抽象的力量，其支配能力超越了人的意愿或欲望。从某种程度来说，权威拥有了超人的特征。

在我们的实验中，差异调整的现象具有惊人的一致性。学生在情境中处于劣势状态，受试者不会真正地与之相协调，因为受试者的情感和观念完全受到主试的统治。对于很多受试者来说，学生只是一个令人讨厌的障碍，妨碍他与主试之间建立令人满意的关系。学生请求怜悯的行为，必然会让受试者感到不舒服，因为这影响了情境中精神核心人物对受试者的认可。

对情境含义的再定义

控制一个人解释世界的方式，就朝控制他的行为迈进了一大步。在号召人们做出特别行动的革命、战争或其他类似事件中，试图描述人们生存状态的意识形态都是一个重要的特征，便是这个道理。政府重金开展宣传，传达的就是官方对事件的解释。

每一个情境也都包含一种观点，我们称之为“情境定义”，就是对一种社会情境含义的解释。通过这个视角，情境中的所有因素实现了统一。某个行为从一个角度来看可能是邪恶的，但从另一个角度来看，可能又完全是合理的。**人类倾向于接受合法权威对行为的定义**。也就是说，受试者做出了行为，但他允许权威解释行为的含义。

将观点的解释权交给权威，构成了服从的主要认知基础。毕竟，如果人们认可了权威对这个世界或某个情境的定义，就会按照逻辑做出具体的一系列行为。

因此，权威和受试者之间的关系，并不是一个强势人物迫使下属做出不情愿的行为。由于受试者接受了权威对情境的定义，受试者的行为完全是出于自愿。

责任丢失

进入代理状态所产生的最深远影响就是，个体认为自己对指引其行为的权威负有义务，但对权威命令的行为内容却不承担任何责任。个体的道德感并没有消失，只是转移到一个完全不同的关注点：下级会因为是否充分完成了权威要求的行为，而感到自豪或羞愧。

在人类的语言中，有很多词语描述了这种类型的道德：忠诚、尽职、纪律。所有这些词语都富含着道德意味，表明一个人履行他对权威的责任的程度。这些词语描述的不是个体自身的"善"，而是其完成社会定义角色的程度。那些在权威命令下做出恶意行为的人，最常用的自我辩护就是：我只是在履行自己的职责。在进行这种自我辩护时，他并不是在捏造借口，而是真实地传达出服从权威所导致的心理态度。

要一个人认为应该对自己的行为负责，他必须认识到，这个行为源自他的"自我"。在我们的服从实验中，受试者事后并不认可自己的行为，也就是说，他们认为自己的行为源自别人的动机。在实验中，受试者经常说："如果让我作决定，我就不会对学生使用电击。"

超我的功能出现了改变，从评估行为的对错，转变为评估一个人在权威系统中表现的好坏。[①]防止个体做出伤害他人的行为的抑制机制不再起作用，行为不再受道德的约束。

假设有这样一个人，他在日常生活中温和善良，即使是

①弗洛伊德在《群体心理与本我分析》（*Group Psychology and Analysis of the Ego*）（1921）中指出，一个人会压制他的超我功能，完全让领导决定什么是好，什么是坏。——作者注

一时发怒，也不会攻击那些惹怒他的人。他觉得有必要体罚一下调皮捣蛋的孩子，但下不了手，最终放弃。但是，当他在军队中服役，长官命令他向敌方投下炸弹，他就会照做。投弹的行为并非源自他自己的动机体系，因此，他内在的心理系统所具有的抑制力量就不会对这种行为加以控制。在长大成人的过程中，人们学会了控制攻击性冲动。但是，我们的文化几乎没有教导人们应该对源自权威命令的行为进行内在控制。因此，这种行为给人类生存带来的危险更加严重。①

自我形象

对人们而言，“好人”这个评价不仅要源自他人之口，更重要的，还要是一个自我评价。一个人的理想自我形象，可以作为其内在抑制管理的重要源头。当人们想要做出无情的行为时，他可能会评估这个行为对自我形象的影响，并对其进行抑制。但是，一旦这个人进入了代理状态，评估机制就不复存在。由于行为不再源自他的自我动机，因此也就不会反映他的自我形象，不会给自我认知带来任何后果。的确，个体经常会感到，“自己的愿望”和“他人对自己的要求”之间是对立的。他会认为，尽管做出了这个行为，但却违背了自己的

---

①凯斯特勒曾对社会等级进行了精辟的分析。他指出：“我一直在强调，从历史的角度看，人类的整体化倾向所造成的威胁要远大于人类的自私冲动。简而言之：个体如果放任自己过度的攻击性独断行为，就会受到社会的惩罚，因为他的行为导致他不再受到法律保护，等于从等级中退出。从另一个角度而言，真正的等级追随者会深入到他的社会团体内部，比如他信奉的宗教或所属党派，他的身份已经完全交给了这些团体。”【亚瑟·凯斯特勒（Arthur Koestler），《机器中的幽灵》（*The Ghost in the Machine*）】——作者注

本性。因此，从受试者的角度来看，无论行为本身多么不人道，由于他是根据命令做出的行为，因此完全是无罪的。在代理状态下，受试者让权威来确认他的自我价值。

命令与代理状态

代理状态可能会引发特定的服从行为。但是，除了这种可能性，我们还需要另外一个因素，即：作为激发机制的具体命令。我们已经指出，通常权威的命令必须与其角色一致。此外，一个命令中要包含两个主要部分：对行为的定义，行为必须实施的指令（相比之下，在一个请求中，虽然定义了行为，但是缺少对实施行为的坚持）。

命令指向具体的服从行为。那么，代理状态与服从的含义是否相同？不是，代理状态是一种心理的状态，它会加大服从的可能性；服从则是代理状态的行为部分。一个人可以进入代理状态，即：准备接受权威管理的开放状态，但如果权威没有发出命令，他就不会做出服从行为。

绑定因素

一个人进入代理状态后，是什么力量让他保持了这种状态？无论何时，当个体被整合进一个等级结构，就需要一种将他维持在结构中的力量。如果没有这种力量，轻微的干扰就会瓦解整个结构。因此，一旦人们被带入一个社会等级结构中，必须有一些巩固机制来保证这个结构维持最低程度的稳定。

有一些人这样解释本研究中的实验情境：在实验中，受试者可以非常理智地判断情境中相互冲突的各种价值，对各种因素进行一番心理估算，根据估算的结果采取行动。这一解释将受试者的困境降格成一个理性决策的问题，忽略了受试者在实验中表现出来的行为的一个重要方面：尽管很多受试者在心理上作出了理性的决定，认为不应该继续向学生施加电击，但经常难以把想法转变成行为。在实验室中观察这些受试者，可以感受到他们经历着紧张的心理斗争，希望挣脱权威。但与此同时，一种模糊但又强大的力量将他们困在电击器面前。一名受试者在实验中对主试抗议："他坚持不下去了。我不想杀了那个人。你听，他在那边大声喊。他在大声喊。他坚持不下去了。"受试者在口头层面上决定不再继续，但却继续按照主试的命令进行行动。很多受试者朝着反抗的方向做出了试探性的举动，但是很快就被限制住了，好像被绑住了。下面让我们探讨那些将受试者与他的角色绑在一起的强大力量。

如何准确追踪这些力量？最好的办法就是提出一个反向的问题：受试者需要经历怎样的过程，才能从实验中挣脱？在这个心理丛林中，他必须砍断哪些枝杈，才能离开电击器，站到反抗的位置？

行为的顺序

在实验室中的这一小时，是一个不断展开的过程，每个行为都会对下一个行为产生影响。服从行为是按照顺序持续发生的。在最初的介绍后，主试没有命令受试者进行新行动，而是让他重复主试正在做的事情。要求受试者做出重复行为，这一点本身就可以作为一种约束力量。当受试者施加了越来越痛苦的电击，他必须对自己证明其行为的合理性，其中一种方法就是坚持到最后。如果他中断行为，就意味着他必须对自己说："到目前为止我所做的事情都是错的，我现在意识到了，我将要停止。"如果他继续，就等于认可了他之前的行为。后期的行为中和了前期行为带来的不适感。[①]受试者被一步步地引入到破坏行为之中。

情境责任

所有社会情境都有各自的情境规则，起到了管理行为的作用。要中止实验，受试者必须破坏情境中的一连串潜在规则。他在实验前承诺帮助主试，现在他必须背叛这个承诺。尽管在外人看来，拒绝电击的行为源自道德考虑，但对受试者来说，作出这个决定就意味着背叛对主试的承诺，这种背叛并不是一个轻松的选择。此外，这个问题还有另外一个方面。

戈夫曼（Goffman）（1959）指出，每一个社会情境都建立在那些参与者们形成的共识上。情境持续下去的一个重要前提是，一旦参与者们提出并认可了情境的定义，就不能对其进行挑战。的确，如果一个参与者在接受定义后又对其进行破坏，就等于违反道德。无论从哪个角度来讲，对情境定义进行公开挑衅都不是一种礼貌的社会交流方式。

更具体地讲，戈夫曼认为："社会的构建原则是：任何

---

①这种解释符合认知失调理论。见费斯廷格（L. Festinger）,1957。——作者注

拥有具体社会特征的个体，都有一种道德权利，期望其他人以相应的恰当方式对他进行评价和对待……当个体对一个情境进行定义，然后以明确或暗示的方式表达自己是某种特定类型的人，这就等于他自动向其他人提出了一个道德要求：要求他人像对待该特定类型的人一样，对他进行评价和对待。”对受试者而言，拒绝服从主试，就是否定了主试自称在这个情境中所拥有的能力和权威，这是一种非常不得体的社会行为。

由于实验情境构建方式的限定，受试者必须否定主试的自我定义，才能停止电击学生。教师无法在反抗的同时，还能保护主试的自我能力定义。因此，受试者担心，如果中止实验，会让他显得傲慢、固执和粗鲁。与针对学生的暴力行为相比，这种情绪并不是很重要，但是却将受试者绑定在服从之中。受试者的思想和感受中充满了这种担心，一想到要当面抗拒权威，就感觉很不舒服。对很多受试者而言，反抗实验权威可能带来一系列的后果，并且会导致一个良好定义的社会情境随之瓦解，这是一种令人无法面对的窘迫。[1]很多受试者发现，为了避免这种窘迫感，服从是痛苦程度更小的选择。

在日常社会交往中，人们经常会采取一些预防措施，避免破坏这种情境。但是，受试者发现，在自己进入的这个情境中，不论使用多么谨慎的方式，都无法避免让主试感到羞辱，只有服从才能保持住主试的地位和尊严。很奇怪地，受试

①见欧文·戈夫曼（Erving Goffman）的《窘迫与社会组织》（*Embarrassment and Social Organization*）。——作者注

者对主试产生了一定的同情，不愿“伤害”主试的感受，这成为抑制受试者反抗主试的绑定力量的一部分。受试者认为，如果放弃服从，主试可能会感受到和他一样的痛苦。如果你认为这种解释没有说服力，可以通过以下这个实验，体会受试者所感受到的抑制力量。

首先寻找一个目标人物，你对他非常尊重，最好是个长辈，在某个重要的生活圈子中具有权威地位。可以是德高望重的教授或受人爱戴的牧师，在某些个例中，也可以选择家长。你经常用这个人的头衔来称呼他，比如教授、神父或者医生。对你而言，他是一位有距离、有尊严的真正权威。你与权威之间的关系中会存在一些规则，如果你想要了解破坏规则的感受，只需走到这个人的面前，直呼其名，而不加上他的头衔，甚至可以用绰号称呼他，比如，你可以这样问候查理·布朗医生：“早啊，查理。”

你会发现，当你走近他时，会感到紧张和一股强大的抑制力量阻止你这么做。你可能会对自己说：“我干吗要做这个该死的实验？我与布朗医生的关系一直不错。但如果我做了这个实验，这种关系可能就会受到影响。为什么我非要显得对他不敬呢？”

你很有可能根本无法做出这种不敬的行为，甚至在你想要这么做的时候，就能深刻地体会到服从受试者在实验中的感受。

社交场合是构建社会的最基本元素，并通过具体的情境规则结合在一起，每个人都要尊重另一个人提出的情境定义，以此避免社会交流中出现的破坏性冲突、窘迫和尴尬。这些规则最基础的部分，并不是人与人之间传递的内容，而是维护人与人之间的结构关系。这种关系可以是平等关系，也可以是等级关系。如果一个情境被定义为等级关系，任何试图改变已定义结构的行为，都会带来违背道德的感受，比如焦虑、羞愧、窘迫和失去自尊等。①②

焦虑

受试者在实验过程中的各种担忧，大部分都是一种预期感受，是对未知的一种隐约的恐惧。这种蔓延的恐惧感用术语

---

①如果窘迫和羞愧是将受试者绑定在服从角色的重要力量，那么，如果去除产生这种感受的先决条件，服从就应该大幅下降。这正是实验7的结果。主试离开了实验室，通过电话下命令。受试者的大部分服从行为，都基于这个社会情境中的面对面特征。有一些类型的服从，比如士兵深入敌后执行单独任务，权威的力量就必须进行延续。此外，下级和权威之间价值观也必须保持一致。

加芬克尔（Garfinkel）的研究和本实验都指出，如果要发生反抗，人们已接受的社会生活结构就必须被破坏。加芬克尔（1964）的实验，是让人们去违反日常生活中的一些规则，这同样也让受试者感到尴尬和窘迫，难以实现。——作者注

②如果不了解代理状态的存在以及将人们绑定在角色中的力量，就很难正确地预料行为。人们在预测这些实验情境时都认为，受试者会中止实验，因为受试者都是普通人，具有完全的道德能力。他们完全没有考虑到，一个人在进入权威系统之后，他的心理世界会进行一次基本重组。

不知道实验结果的人，很容易作出错误的预测。避免这种错误预测的最快速方法，就是告诉他们这样一个事实：“行为的内容不及你认为的一半重要，而角色之间的关系比你认为的要重要两倍。不要将你的预测建立在参与者的语言和行为上，而是要看他们在一个社会结构中的关系。”

人们之所以无法正确预测本实验的结果，还有一个原因。社会所宣传的观点是：一个人的性格决定了他的行为。这种观点在实际生活中产生的影响是，人们认为他们完全掌控着自己的行为。但这是对人类行为决定因素的错误看法，无法以此进行准确的预测。——作者注

称为：焦虑（anxiety）。

焦虑的来源是什么？它源自人类漫长的社会化历史。人类在从生物体进化成文明人的过程中，已经将社会生活的基本规则内化，尊重权威就是这些基本规则的重要基础。任何潜在的反抗行为，都与一系列破坏性的威胁我们自尊的后果联系在一起，从而强化了规则的内化程度。受试者在实验室中表现出来的各种情感信号：颤抖、紧张地大笑、强烈的困窘，都是与这些规则对抗的结果。当受试者考虑做出反抗，就会产生焦虑，指示他不要做出这种被禁止的行为，这会形成一个心理障碍，如果想要实现反抗权威，他必须跨越这个障碍。

值得注意的是，当受试者通过反抗突破了这个障碍，所有的焦虑、紧张和恐惧感觉都会消失。

第十二章 紧张与反抗

为什么有的受试者会反抗？我们对这个问题的第一个反应通常是：他们这样做，是因为电击受害者是不道德行为。但是从道德判断的角度作出的解释，并不足以说明问题。无论距离受害者远近，电击行为在道德方面的意义都是相同的。但是我们发现，只需简单地改变学生与教师的空间关系，就会显著改变反抗的比例。推动受试者反抗的，应该是一种更普遍的紧张形式。我们需要对紧张的真正含义进行解读，既要从人类的角度进行分析，还要通过我们之前提出的理论模型，讨论这个问题。

从理论上看，一个自主行动的个体被带入等级体系后，就会产生紧张感。因为，如果个体想要成为系统运转中的一部分，就要符合一些独特的设计要求，与个体自主存在时的设计要求差异很大。人可以自主行动，或者通过担任某种角色融入到一个更大的系统之中。但是，想要具备双重能力，就要在设计上作出妥协，既不能完全自主，也不能完全服从。

当然，任何可以在自主与权威体系两种状态下发挥功能的复杂个体，都会有紧张解决机制。如果没有这种解决机制，系统很快就会崩溃。因此，我们应该在前文提到的理论模型中，加入最后一个概念，代表“解决紧张”。下面这个简单的公式，总结了我们所观察到的行为过程。

$$O;\ B>(s-r)$$

$$D;\ B<(s-r)$$

公式中字母O代表服从（obedience），字母D代表反抗（disobedience），字母B代表绑定因素（binding factors），s代表紧张（strain），r代表紧张解决机制（strain-resolving mechanisms）。当绑定因素超过净紧张值（被解决机制削弱后的紧张），就会出现服从的结果；当净紧张值超过绑定因素的力量，就会产生反抗。

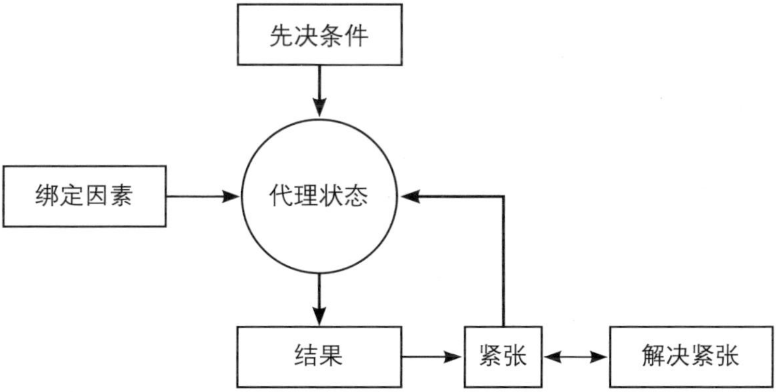

紧 张

受试者的紧张感受，不仅显示了权威的力量，也暴露了权威的弱点，进一步揭开了本实验一个至关重要的部分：有一些受试者只是部分进入代理状态。

如果个体完全融入权威系统之中，无论命令多么严苛，他在执行命令时都不会感觉到一丝紧张，因为这个命令的含义完全由权威定义，受试者只需全盘接受。因此，每一个紧张信号都表明，权威并没有将这个人完全转变成代理状态。在纳粹极权结构中的强势权威系统中，服从者会彻底融入自己的角色；相比之下，实验室的权威系统对个人的渗透力较差，在主试权威的控制范围之外，仍然不同程度地残留着自我意识，让受试者保持了个人价值观。这种现象导致受试者感到紧张，如果紧张的程度足够强，就会引发反抗。在实验室中产生的代理状态，任何波动都可能对其产生干扰。就像一个人正在睡觉，足够大的噪音会对他产生影响（人的听觉和视觉在睡眠过程中大大减弱，只有足够强大的刺激才能让他惊醒。同理，在代理状态下，个人的道德判断被大幅度抑制，但是足够强大的震动可能会影响这种状态的持续）。实验室中的代理状态就像打盹儿，而强大的国家政府权威体系，则是深度睡眠。

紧张源

在本实验中有很多紧张源，比如：引起他人痛苦导致的原始的自我厌恶情绪，对行为潜在的法律后果进行的评估，等等。

1. 学生的痛苦呼喊对很多受试者造成了强烈的影响，他们立刻做出了发自内心的自发反应。这种反应可能是我们与生俱来的本能，就像粉笔划玻璃时发出的嗞嗞声，会引发我们的厌烦反应。受试者如果服从，就必须始终暴露在这样的刺激之中，在这种情况下，就产生了紧张。

2. 伤害无辜的他人，违背了受试者的道德和社会价值观。其中有一些价值观是深刻内化的信仰，而另一些则是社会倡导的人性行为标准。

3. 在对学生施加惩罚的时候，受试者会经历潜在的报复威胁，这成为另一个紧张源。有的受试者可能会感觉，他们的行为严重激怒了学生，学生在实验结束后可能会进行报复；有的受试者认为，由于他们是实验的一部分，实验可能会让他们扮演学生的角色，尽管实验程序中并没有体现出这个可能性。还有一些受试者担心，他们的行为会造成法律后果，担心学生会提起法律诉讼。所有这些报复形式，无论是具有潜在的可能性或者只是他们的想象，都会产生紧张。

4. 受试者在接受主试指令的同时，也收到了学生的指令：受试者应该停止。这个指令不符合主试一成不变的命令。即使受试者完全服从，只对实验环境中产生的压力作出反应，不带入任何个人的价值观，仍然会产生紧张感，因为相互矛盾的两个要求同时对他进行撞击。

5. 电击受害者的行为不符合很多受试者的自我形象。他们很难将自己看做一个无情的人，可以如此残忍地伤害他人；然而，他们发现他们正在这样做。行为与自我形象的不一致，是紧张的强大来源。

紧张与缓冲

如果能拉开受试者行为和其行为后果之间的心理距离，紧张的程度就会降低。受试者所感受到的行为含义是：我正在伤害一个人。如果能打破或淡化这个含义，受试者就更容易做出这个行为。因此，拉开受试者和受害者之间的物理距离，减少受害者的痛苦喊叫，就会减轻受试者的紧张。电击器本身就是一个重要的缓冲器，这是一个具体的、令人印象深刻的工具。按下30个开关中的一个这个行为的轻松与它给受害者带来的痛苦的强度形成了强烈对比。按下开关是一个精确而科学的客观行为。但如果让受试者用拳头击打受害者，他们可能就更不愿意这么做。恶意的权威加上缓冲所带来的人性缺失，是对人类生存构成的最大威胁。在这里，逻辑可接受行为和心理可接受行为正好相反。从一个纯粹量化的标准来看，下面这两种行为中——向城市扔下炮弹杀死成千上万的人，用石头重击并杀害一个人，前者更邪恶。但从心理的角度而言，做出后一个行动的难度却更大。距离、时间和物理障碍抵消了道德感。事实上，无论是进行近海轰炸，还是从2万英尺高的空中扔下汽油弹，这些行为都不存在任何心理抑制机制。按下投弹按钮所需要的心理力量，和按电梯按钮一样轻松。技术向人类提供了远程摧毁他人的方式，强化了人类的意志，但进化为人类设计的抑制机制，只能在面对面的冲突中充分发挥作用，尚不能抑制这种远距离攻击形式。[①]

解决紧张

解决紧张的机制是什么？

反抗是紧张达到极致的终极行为。但并不是所有受试者都能达到这个极致，之前提到的各种约束力量会让很多受试者无法进行反抗。由于在这个社会情境中，反抗是一个极端的行为方式，受试者会试图寻找一些社会破坏性较小的办法。紧张一旦出现，一些心理学机制就开始起作用，降低紧张的强度。人类具有灵活的思维，我们可以通过认知调整消除紧张感。这就是为什么很多人没有反抗。

这些机制中最原始的一种就是**躲避**（avoidance）：受试者屏蔽了自己行为的感知后果。我们之前曾描述了受试者的一些行为，比如窘迫地转过头，避免看到受害者的痛苦，或者故意高声朗读单词配对，盖过受害者的抗议声音。受害者的痛苦是一个刺激，受试者不愿受到刺激的影响。有一种更隐秘的逃避方式——将注意力从受害者身上转移，最常见的表现，就是有意识地将注意力限制在机械的实验程序之中。通过这种方式，在心理上抹去受害者这个产生不适的源头。受试者的表现

---

①科拉德・洛伦茨（Korad Lorenz）解释了工具和武器的介入如何影响抑制机制："在更广泛的范畴，同样的原则也适用于现代远程武器的使用。那些按下发射开关的人，其视觉和听觉完全被屏蔽了，或者说，无论想象力多么强大，他在心理上完全没有意识到，做出这个不受任何惩罚的行为，会产生怎样的后果。"见科拉德・洛伦茨所著《论攻击性》（*On Aggression*），1966。——作者注

就像一个小职员，忙碌地翻动着纸张，完全不在意周围发生的事情。

躲避可以帮助受试者屏蔽不愉快事件，而“**否认**”（denial）则会通过思维机制，拒绝显而易见的证据，从而减轻紧张感，为各种事件得出一个更加宽慰的解释。很多研究纳粹时代的学者都指出【见贝特尔海姆（Bettelheim）的《被启示的心灵》（*The Informed Heart*）】，无论是施害者还是受害者，否认都是一个非常普遍的现象。尽管大屠杀的证据就摆在眼前，很多即将面临死亡的犹太人仍然不愿相信这个事实。即使是今天，仍有数百万的德国人否认他们的政府曾大规模屠杀无辜百姓。

在实验中，一些受试者可能否认他们施加的电击令人痛苦，或者认为，受害者根本就没有痛苦。这种否认减轻了服从主试产生的压力，消除了伤害他人和服从之间的冲突。但是，由于实验设计得非常逼真，只有很少一部分受试者以这种否认的态度继续实验（见第十四章）。（即使以这种方式继续，我们也可以看到，否认的态度只是一种自我辩护而已，因为有一名受试者否认电击是痛苦的，但却拒绝亲自测试更强烈的电击）。事实上，大多数服从受试者否认的不是事件本身，而是他们应该承担的责任。

一些受试者减轻紧张感的方式是：虽然他们在权威制定的规则中行动，但他们“只是很轻微地”做出服从行为。我们之前说过，每次电击的时长不同，受试者可以自行控制。基本上，受试者进行电击的时间都是500毫秒，但有些人施加的电击时长只是这个数字的十分之一。他们非常小心地触摸开关，释放出的电击听起来就像最短促的雷达的“哔”声，而不是常规的半秒钟嗡嗡声。这些受试者在实验后访谈的时候强调，他们尽可能做出最短促电击，“显示他们的人道主义”。以这种方式处理压力比反抗更加容易，它允许一个人在权威系统的限制中最大程度地表达个人的善意。但是这种最小程度的服从，更像是一种自我欺骗。事实上，这种行为并没有挑战权威，只是将其程度减弱，它没有停止实施权威的意愿，其主要作用只是受试者在道德上进行的自我安慰而已。

欺骗（subterfuge），可能是减轻紧张的一个更重要的方式。很多受试者用它来减轻实验的冷酷特征。有的受试者在阅读单词配对的多项选择时，会提高声音强调正确的选项，以此向受害者暗示正确答案。他们这么做，是试图帮助学生，防止他受到电击。这些受试者对实验进行了某种程度的破坏，但又不想与权威公开决裂。他们试图在不公开反抗的情况下，帮助学生。尽管学生没有理会这种暗示，在实验后的访问中，受试者还是会提到，他是如何试图向学生“告密”。

有些情况下，欺骗是个有效的方法（比如在实验7中，受试者使用的实际电击级别要比向主试报告的低），但在大多数情况下都不会带来任何帮助。受试者无法按照他的人道主义感受公开自己的行为，而是进行了没有任何效果和价值的欺骗。不过，“做些什么”的行为尽管只具有象征意义，至少可以帮助他们维护善良人的自我形象。

我们已经指出，取消个人责任，是向权威屈服的一个重要心理结果。随着紧张不断加剧，一些受试者会寻找更多的方式，确认他们对自己的行为不承担任何责任，他们可能会急切地用这种方式减轻紧张感。下面是主试和一名受试者的对话。这时，这名受试者在强大的压力下，继续到了375伏特。

教师：那个人可能出问题了。他不给我答案。低强度的时候他还会喊。请问，你能不能去看看他怎样了？

主试（依然冷漠而平静）：实验开始后就不能这样做，请继续，教师。

教师（坐下来，深深地叹气）：cool——day, shade, water, paint。请回答。你还好吗？你还好吗？

主试：请继续，教师，请继续。（教师按下了开关）

教师（在椅子上扭动身体）：那个人出问题了。（转过身）下一个：low——dollar, necklace, moon, paint。（再次转过来，面对主试）那个人出问题了，你最好去看看。他不回答，什么反应都没有。

主试：继续，请继续。

教师：你承担一切责任？

主试：是的，责任是我的。请继续。

（教师转头看他的单词表，开始以最快的速度阅读并继续实验，一直坚持到450伏特）

教师：实验结束。

当主试向受试者保证，他无须对自己的行为承担责任，受试者的紧张感就出现了明显的下降。

在实验中，很多受试者还会用其他方法推卸责任：将责任转到受害者身上，认为他受到惩罚是理所应当，因为他是自愿参加实验；更恶劣的，是说他很愚蠢、很顽固，这是从转移责任走向了对受害者毫无根据的贬低。这其中的心理机制很明显：如果受害者是个可耻的人，就无须考虑对他施加痛苦的问题。①

物理转移

在精神病学的临床中，经常可以看到心理压力转移成身体症状的现象。通常，当精神压力被身体症状所吸纳，患者的精神状态就会有所改善。在本实验中，我们可以看到各种紧张表现：流汗、颤抖，有时还有焦虑的大笑。这些身体表现不仅表明紧张的存在，也会减轻紧张。紧张情绪转变成身体表现，得以释放，因此不会出现反抗。

异议

紧张感如果足够强大，就会导致反抗。但是在初级阶段，它是以**异议**（dissent）的形式体现出来的。异议的含义是：受试者对主试命令的行为表示不同意。但是，这种口头异议并不一定意味着受试者会反抗主试，因为异议有两种相互矛盾的功能：一方面，这可能是主试与受试者之间渐渐走向决裂的第一步，是受试者对主试意图的一个试探，是试图说服主试改变他的命令的尝试；但相反的可能性是，它是一个减轻紧张感的机制，就像一个泄压阀门，让受试者在不改变行为的情况

①见勒纳（N. J. Lerner）的《观察者对受害者的评估：公正、罪恶感和真实感知》（*Observer's Evaluation of a Victim: Justice, Guilt and Veridical Perception*）。——作者注

下，释放自己的压力。

受试者可以在不打破等级约束的前提下，提出异议。因此这只是一种形式表现，从本质上来讲，与反抗并没有必然联系。很多人虽然表达了对权威的不认同，但是当权威驳回他们意见的时候，仍然尊重权威的这个权力。尽管他们持有异议，但并没有准备做出他们自己认为正确的行为。

异议是一种减轻紧张的机制，在发生道德冲突时，可以用来进行心理安慰。通过这种方式，受试者可以公开将自己定义为反对电击受害者，从而建立了一个良好的自我形象。与此同时，他又通过继续服从，保持了与权威之间的关系。

以上描述了几个减轻紧张的机制：躲避、否认、身体转换、最小服从、欺骗、寻求社会安慰、指责受害者、毫无实际作用的异议。不同的机制对应着不同的紧张源，比如躲避减轻身体上的反应，欺骗、最小服从和异议保护了个人形象，等等。更重要的是，我们需要明白一个事实，这些机制都为一个最终目标服务：通过这些方式，受试者所感受到的冲突会降到可以忍受的水平，从而保持与权威之间的关系。

反抗

反抗（disobedience）是紧张达到极致时的终极方式，想要做出这个行为并不容易。

反抗行为的含义，不仅是拒绝执行主试的一个命令，还会重新塑造受试者与权威之间的关系。

反抗的过程伴随着恐惧。受试者发现，他被锁定在一个定义明确的社会命令中。为了从这个指定角色中挣脱，就要制造出一次小规模的混乱。如果受试者保持与主试之间的关系，两者之间未来的交互就是可以预期的。如果打破这种关系，再建立的关系就是一个未知数。反抗后会发生什么？这让很多受试者感到恐惧，甚至会假设权威会对他进行无法想象的惩罚。但是，随着权威命令的行为过程令他忍无可忍，受试者心中就会出现一个新的行为过程，最终引领他实现反抗。

这个过程始于**内心的怀疑**。受试者最初只是在心中感到紧张，但这种情绪不可避免地会以**外在的形式**表达出来。受试者会把自己的恐惧告诉主试，或者让主试注意受害者正在遭受痛苦。受试者期待的结果是，在某种程度上，从这些实际情况中，主试能得出与他相同的推论：不应该继续电击。但主试的表现让他的期望落空，沟通逐渐变成了**异议**，受试者会努力劝说权威改变他的行为过程。随着电击强度不断加大，不断表达异议的受试者逐渐走向与主试的最终决裂。受试者每次表达异议，无论多么谨慎地组织语言，都为下次更强烈的异议提供了一个平台。受试者提出异议时所期望的最理想结果是，主试可以改变实验过程，把他从这个情境中解脱出来，这样，就不需要与权威决裂。由于未能实现这个目标，异议就转变成了**威胁**，受试者将要拒绝执行权威的命令。最终，受试者用尽了所有的方法，发现他必须回到与主试关系的根本才能停止电击受害者：他必须反抗。**内在怀疑、外化怀疑、异议、威胁、反抗**，这是一个艰难的过程，只有少数受试者可以坚持到这个最终结果。这并不是一个负面结果，与消极的服从相比，反抗是一个积极的行为，这是在经过深思熟虑后对强大力量进行的反击。反抗行为需要集中内在的资源，这种转变超越了受试者内在的关注点，不再只是进行礼貌的口头交流，而是将其付诸行动。但与此同时，这个行为也付出了高昂的精神成本。

对于大多数受试者而言，他们已经承诺帮助主试，背叛承诺是个痛苦的选择。服从的受试者将电击学生的责任交给了主试，而反抗的受试者则接受了破坏实验的责任。反抗的受试者知道，他们在反抗的过程中毁掉了实验，阻碍了科学家的目标，证明自己不胜任分配给他的任务。但是与此同时，他也向我们提供了我们所探究的服从的程度，和一个人道主义价值观的证明。

反抗会让一个人觉得自己背信弃义，这是一个痛苦的代价。尽管在道德上选择了正确的行为，但反抗者破坏了自己所处的社会秩序，他会为之深感困扰，有一种感觉挥之不去：他背弃了那个他承诺给予支持的事业。反抗的受试者的行为为他们带来了沉重的负担，但服从的受试者却不会出现这个问题。

第十三章
另一种理论：攻击性是关键吗？

我对实验室中观察到的行为作出了以上的解释，我认为这种解释是合理的。但对这些行为还有另一种解释观点：我们在实验中观察到的是**攻击性**（aggression），是破坏性倾向的流露，在一个允许它表达的情境中释放出来。但我认为这个观点是错误的，并将在下文陈明我的理由。但首先让我陈述一下这个“攻击性”观点。

所谓的攻击性，就是伤害另一个生命体的冲动或行为。在弗洛伊德的理论中，所有个体都具有破坏性力量；但是，这种力量不会随时释放，因为超我或良知抑制住了它的表达。此外，自我功能（人类的现实倾向）也会控制这种破坏倾向（如果我们每一次愤怒的时候都反击，最终会伤害我们自己，因此我们需要自我克制）。的确，这些破坏性本能让人难以接受，因此，我们的意识经常忽略它的存在。但是，它们会不断施加表达的压力，最终，通过暴力战争、施虐快感、个人反社会破坏行为等暴力方式获得释放，在某些情况下，甚至是以自我毁灭的方式。

这项实验创造了一个情境，在这个情境中，伤害他人从社会角度而言是可以接受的。此外，受试者还可以用“推进科学事业”这个具有社会价值的借口做出这种行为。

因此，在道德的层面上，个人认为自己服务于一个具有社会价值的目标，但是服从行为的本质推动力却是：电击学生，其实是满足了他本能中的破坏倾向。

这个观点也与对观察到的服从行为的典型常识解释相吻合。因为，当我们第一次向普通民众（有男有女）描述这个实验时，他们首先想到的描述就是：人类兽性的释放、虐待狂、向他人施加痛苦的欲望、灵魂深处黑暗与邪恶的发泄。

尽管攻击性倾向是人类天性的一部分，但与本实验中所观察到的服从几乎没有关系。攻击性倾向也不能解释士兵们在战争中的破坏性服从：用炮弹夺取数千条生命，或用炙热的汽油弹将一个越南村庄吞噬。士兵之所以进行杀戮，是因为他在执行上级的命令，而且，他认为服从命令是他的职责 。电击受害者的行为并不源自破坏性冲动，而是源自这样一个事实：受试者已经被整合到一个社会结构之中，无法脱身。

假设主试命令受试者喝一杯水，这是否意味着受试者很渴？很显然不是，他只是在做他被要求做的。服从的本质是：一个人做出的行为，并不源于他自己的动机，而是源自处于社会等级更高位置者的动机体系。

实验证据可以证明这一点。在实验11中，受试者可以自由选择电击强度，主试费尽心思向他们保证，可以任意使用所有级别的电击。尽管有足够多的机会向学生施加痛苦，但几乎所有受试者都选择了最低级别的电击。平均的电击水平是3.6级。但是，如果真的有破坏性冲动迫切需要释放，那么在这个科学实验中，受试者就应该理所当然地使用高强度电击。为什么他们没有这样任意地伤害受害者呢？

受试者如果真有这样做的冲动，那也是很小的。在所有这些受试者中，最多有一个或两个人，似乎通过电击学生获得了满足感。而且，与主试命令电击学生的实验相比，实验11中受试者使用的电击程度也非常低，两者具有大幅度的差别。

我们再来了解一下布斯（Buss）（1961）和伯考维茨（Berkowitz）（1962）所做的攻击性实验。他们的实验设计与实验11非常接近，目的是研究攻击性的本质。在一个典型的实验控制中，他们刻意激怒受试者，看看受试者在愤怒状态下，是否会施加更高程度的电击。但是，与我们的服从实验结果相比，这些控制实验的结果几乎没有什么差别。无论实验者怎么激怒受试者，他们施加的电击最多只提高了一个或两个级别，比如激怒前为4，激怒后为6。这就是攻击性导致的行为增量。但是与在接受命令的情境中相比，两者间具有显著的量化差异。

在观察服从实验中的受试者时，我们可以看到，除了很少一部分人之外，大部分受试者都很厌恶自己正在执行的任务，虽然并不认同，但是他们感觉有义务这样做。很多人尽管无法从主试的权威中脱离，但他们很反对电击学生的行为。偶尔会有一位受试者似乎享受这项让受害者尖叫的任务，但他是一个少见的例外，在我们的受试者中无疑是个异类。

另一个有力的实验证据是角色转换研究（见第八章）。

在其中的几个实验中，受试者都有机会电击受害者，但是他们没有这么做，除非实验情境的社会结构进行了适当的安排，他们才会这么做。

受试者行为的关键，并不是迫不及待地释放抑制的愤怒或攻击性，而是来自他们与权威之间关系的性质。他们将自己交给权威，自视为执行权威意愿的工具。一旦被这样定义，他们就无法脱身。

第十四章
实验方法的问题

很多批评者的头脑中会有一个人类的形象，他们认为，人类绝不会做出本实验中的行为。普通人也坚称，他们不会只是为了服从命令，而对一个正在抗议的个体施加痛苦的电击，只有纳粹和虐待狂才会这么干。在之前的章节中，我试图解释为什么这些行为会出现在我们的实验室里：个体如何先向权威作出承诺，行为的意义如何被行为发生的情境所转换，各种绑定因素如何限制人们做出反抗，等等。

外界对实验的批评，建立在另外一种人性模式基础之上。人们认为，如果服从权威就意味着伤害他人，人们会拒绝权威。有些批评者言之凿凿地表示：人，尤其是美国人，绝不会在权威的命令下伤害同胞；服从实验没有支持这个观点，在这点上它有缺陷。对本研究的结构最常见的否认观点是：（1）实验的参与者不具有普遍性；（2）受试者根本不相信他们电击了学生；（3）实验室中得到的结果不可能适用于更广泛的社会。

让我对上述观点进行逐个分析。

1. 实验的参与者是否能代表广大民众，或者，他们只是一群特别的人吗？首先，让我来介绍实验过程中的一个“小插曲”。本研究的第一个系列实验中，受试者全部是来自耶鲁的大学生，其中大约60%的人完全服从。我的一位同事立刻否定了这个结果，认为这与“普通人”没有关系。他坚信，耶鲁学生的攻击性和竞争心理很强，哪怕是最轻微的鼓动，就可以互相伤害。他认为，如果用“普通人”进行实验，会得到完全不同的结果。我们结束了预备实验后，开始着手常规的实验系列，受试者是来自纽黑文市各种职业的普通人：教授、白领、待业人员和工厂工人，但结果与用大学生作受试者的相同。

的确，受试者都是自愿参加实验。有人可能会问，在选择受试者人群的时候，招募程序是否存在偏颇？

在随后的研究中，我们询问受试者为什么参与实验。17%的受试者表示，他们对心理学实验感到好奇，8.9%的人说能获得报酬是主要原因，8.6%的人说他们对记忆特别感兴趣，5%的人认为他们可以从研究中了解自我。参与实验的目的各有不同，受试者的取样范围也非常广泛。此外，罗森塔尔（Rosenthal）和罗斯诺（Rosnow）（1966）的研究表明，与非自愿受试者相比，自愿参与实验的受试者的权力主义倾向更低。因此，如果受试者自愿参加这一因素导致实验结果偏颇，那么结果应该是有更多受试者反抗，而不是服从。

此外，我们还在普林斯顿、慕尼黑、罗马、南非和澳大利亚进行了重复实验，每个实验都使用了不同的自愿者招募方法，受试者的群体特征与本文所述的受试者完全不同，但服从的程度全部高于本书所描述的实验的结果。比如，在慕尼黑的曼德尔（Mantell），85%的受试者服从。[①]

2. 受试者不相信他们在对学生进行痛苦的电击吗？受试者在实验过程中的紧张表现，是他们完全进入实验冲突的有力证据。在我们对有代表性的实验所做的文字记录、量表数据和电影纪录片中，已经观察和报告了这一点。

在所有实验情境中，受试者都认为学生的痛苦程度非常高，表6提供了一些具有代表性的实验组的数据。我们使用了一个14分量表，让受试者标出他们认为的学生的痛苦值。在实验2声音反馈情境中（可以听到但看不到受害者），服从受试者选择的平均值是11.36，为量表中“极度痛苦”的范围。超过一半的服从受试者选择了量表的最高值，至少有一名受试者在最高值的旁边画了一个“+”号，表示“极度痛苦”这个描述还不足以说明痛苦程度。在该情境的40名受试者中，只有2个人在量表上选择了1和3，表示他们认为受害者并没有受到痛苦的电击，这两人都是服从受试者。但我们不能

①普林斯顿：罗森汉（D. Rosenhan）《服从和反抗：米尔格拉姆三方范例的观察》（*Obedience and Rebellion: Observations on the Milgram Three-Party Paradigm*）。
慕尼黑：大卫·马克·曼德尔（D. M. Mantell），《德国的暴力潜力》（*The Potential for Violence in Germany*）。
罗马：李奥纳多·安科纳（Leonardo Ancona）和罗塞塔·帕瑞森（Rosetta Pareyson），《对攻击性研究的贡献：破坏性服从的动力》。
澳大利亚：基尔姆（W. Kilham）和麦恩（L. Mann），《破坏性服从在米尔格拉姆服从范例中的传输功能和执行角色程度》（*Level of Destructive Obedience as a Function of Transmittor and Executant Roles in the Milgram Obedience Paradigm*）。——作者注

表6：受试者对受害者痛苦感受的估值

情境	$\overline{x}$ 服从受试者 n	$\overline{x}$ 反抗受试者 n	$\overline{x}$ 全部受试者
远距离—受害者	13.50（20）	13.27（11）	13.42
声音反馈	11.36（25）	11.80（15）	11.53
接近	12.69（16）	11.79（24）	12.15
接触	12.25（28）	11.17（12）	11.93
新基础情境	11.40（26）	12.25（14）	11.70
角色转换	11.98（20）	12.05（20）	12.02
布里奇波特市重复实验	11.79（19）	11.81（18）	11.80
女性受试者	12.88（26）	12.07（14）	12.60
主试不在场	11.67（31）	12.39（9）	11.83

过于简单地看待这个结果，因为对这样一个令自己不快的行为，事后的否认有可能是一种自我防御。一些受试者会通过重构施加电击时的心理状态，来从对他们有利的角度看待自己的行为。问题是，他们在实验中是否坚定地认为自己并没有对学生施加痛苦的电击，还是说，这个想法只是脑海中的一闪念？

受试者相信他们对学生施加了痛苦的电击的大量证言可以用很多方法检验，其中一种就是研究他们回答的实验后调查问卷。每名受试者在参与实验一年后，都会收到这个问卷。表7列出了调查问卷第四项的答案分布情况。

四分之三的受试者（前两个选项）证实，他们相信自己确实对学生进行了令其痛苦万分的电击。实验已经过去了一年，他们完全可以在问卷中否认自己全盘接受了这个骗局。但是，只有五分之一的人表示，他们当时曾非常怀疑实验的真实性。

表7：相信施加了电击的调查问卷的回答

实验过程中	反抗受试者	服从受试者	全部受试者
（1）我完全相信学生受到了痛苦的电击	62.5%（230）	47.9%（139）	56.1%（369）
（2）尽管我有些怀疑，但我相信学生可能受到了电击	22.6%（83）	25.9%（75）	24.0%（158）
（3）我不确定学生是否受到了电击	6.0%（22）	6.2%（18）	6.1%（40）
（4）尽管我有些怀疑，我想学生可能没有受到电击	7.6%（28）	16.2%（47）	11.4%（75）
（5）我确认学生没有受到电击	1.4%（5）	3.8%（11）	2.4%（16）

斯沃斯摩尔学院（Swarthmore College）的戴维·罗森汉（David Rosenhan）进行了一次重复实验，为他即将进行的进一步研究寻找基础方法。他精心安排了一次实验后访问。在这次访问中，主访问人被设计成一个与实验完全无关的人，他要求受试者详细描述自己的感受。他非常深入地调查了受试者是否相信自己施加了痛苦的电击这一问题，甚至问受试者："你的意思真的是说，你没有理解这个实验吗？"罗森汉为受试者完全接受实验设定了一个非常严格的标准，他的报告（经过独立第三方机构的确认）显示，60%的受试者完全接受实验的真实性。而在他的重复实验中，85%的受试者完全服从（我们必须指出，罗森汉选择的受试者群体要比原实验中的受试者群体年轻。我相信，这也是服从水平更高的原因）。

当把我的实验结果与罗森汉的实验结果用可比较的统计

控制方式来呈现，它们并没有任何重大差异。比如，在实验2声音反馈情境中，相信实验伪装的受试者中（选项1和2），有58%是服从受试者，选择1的受试者中，60%为服从受试者。在全部的实验情境中，这种数据控制方式略微降低了服从与反抗受试者之间的比例。但这种变化并没有真正改变各情境之间的关系，不会影响我们对实验结果含义或重要性的解释。

总体而言，除了少数几人之外，大部分受试者都认为实验情境是真实的。在每个实验情境中，我估计只有2—4名受试者认为，他们并没有真的向受害者施加痛苦的电击。但我的基本原则是不剔除任何一名受害者的数据。因为，根据一种并不严密的标准选择性排除受试者数据，很容易导致对结果进行未经推敲的假设。即使是现在，我也不愿将这些受试者排除在外，因为我们并不清楚，他们拒绝相信实验的这一技术错觉，是他们服从的原因，还是服从的结果。此外，受试者的认知程序可能会将自己被迫实施的行为合理化。的确，受试者在事后解释自己的行为时，声称他并不相信受害者被电击，这是非常容易做到的。一些受试者可能是“事后诸葛亮”，这样做既没有损失，又有助于保持正面的自我观念。此外，还能显示自己的机灵和聪明，能够识破一个精心布置的骗局。

但更重要的是，我们从中还可以看到“否认”在整个服从和反抗过程中的作用。否认是受试者在实验过程中进行的几个明确的认知调整之一，但是，还需要对否认在一些受试者表现中所起的作用作恰当的评估。（见第十二章）。

3. 实验室情境非常特殊，因此在这里观察到的任何行

为，不适用于更广泛的社会生活中的服从。真是这样吗？如果你理解了在实验中观察到的行为，就不会这样认为。比如：个体很轻易地成为权威的工具，被这样定义之后，他们就无法从中解脱。我已经在第十一章详细阐述了服从权威的过程，只要存在服从行为发生的基础情境，结果就是一个不变量。这个基础情境就是：在两个人之间确定的关系定义中，其中一方感觉，对方因其地位而有权力指定他的行为。在不同的情况下，服从的外在形式和细节会有所不同，但是基础程序保持不变，就像划着一根火柴或是森林大火，其燃烧的原理都是一样的。

在判断一个观点是否具有普遍性时，并不需要进行点对点的对比（火柴很小，森林很大，等等），而完全要看我们是否在理论上正确理解了相关的程序。比如，我们知道，燃烧是电子在刺激下进行的快速氧化过程。而服从的程序就是：内在心理过程在代理状态下的重建。

有人认为，心理学实验非常特殊，不能将它推演到更宽泛的社会生活中。[①]但是，认识到任何社会情境都有其独特的特征，找出在这种表面多样性背后的原则，是社会科学家的任务。

在社会生活中，有很多情境是由上级和下级的角色组成的。我们的这个心理学实验情境与这些情境有着相同的核心结构特征：下级并不是对命令的内容作出反应，而是基于他与

①见奥恩（M. I. Orne）和霍兰德（C. C. Holland）以及我对他们的回复，记录在米勒（A. G. Miller）编的《心理研究的社会心理学》（*The Social Psychology of Psychological Research*）中。——作者注

命令发出者之间的关系。的确，当合法权威被看做行为的来源，关系的重要性就超越了命令的内容。这就是社会结构的重要性的含义。我们的实验所表现的正是这一点。

一些批评者认为，是主试让受试者的行为合法化，这使受试者的行为失去意义，以此否定我们的结论。但是，在任何其他具有社会意义的服从情境下，无论是士兵的服从，或是员工和监狱刽子手的服从，其行为也是被他人合法化的。我们的研究所探索的，正是如何理解这种等级结构中的行为。毕竟，对于艾希曼而言，他已经深植入一个合法的社会组织中，做着在他看来正确的事情。换言之，我们的研究所讨论的不是被压迫者的服从，不是被残酷惩罚压制出的服从，而是自愿顺从者的服从，因为社会给予他们一个角色，他们被激励要达到社会的要求。

实验室中的服从与纳粹德国的服从之间，到底有多少可比性？这是一个更具体的问题。很显然，这两者间有着巨大的差异。首先是时间跨度的差异。我们的实验只用了一个小时，而纳粹这个罪魁祸首的发展前后延续了10多年的时间。那么，实验室观察到的服从与纳粹德国的服从之间是否在某些方面有可比性呢？就像火柴的火焰是否与1898年芝加哥大火有可比性？答案是：尽管在环境和规模上有着巨大的差别，但这两个事件中确实有着相似的核心心理学过程。

在实验室中通过一系列简单的控制，普通人就不再认为他们自己是导致伤害他人行为的因果链条中的一部分。一个人抛弃个人责任并成为罪恶行为的无意识代理，这是一种普遍的行为方式。读一读纽伦堡战犯审判、美国士兵米莱村大屠杀、安德森威尔战俘营惨案①等事件的录音整理资料，就会发现这种行为方式在一次又一次地重演。我们在士兵、政党官员与服从的受试者之间可以找到一个共同点：对权威无限度服从，并用相同的心理机制减轻伤害无助他人所造成的紧张感。当然，我们也要找到实验室情境与纳粹德国情境之间的不同之处。

在向受试者介绍实验时，我们强调了它所具有的积极人类价值：提升我们对学习和记忆过程的认识。这个目的符合广泛认可的文化价值观。服从只是实现这个目标的工具。但相比之下，纳粹德国追求的目标是应该受到道德谴责的，很多德国人都意识到了这一点。②

在很大程度上，我们的受试者保持服从，取决于这个社会情境中的面对面特征以及主试的监督。我们看到，主试不在场的时候，服从的比例出现了显著下降。而在纳粹德国发生的服从，则更多地依靠对权威的内化，与时刻监督的关系可能也不大。我认为，只有通过较长期的教化，才会出现这样深刻的

---

①美国南北战争期间设在乔治亚州安德森威尔附近的联邦军战俘营。在1864—1865年，约有49485名士兵被送到这里，其中近14000名死于疾病、营养不良和住所匮乏。战俘营指挥官亨利·沃兹上校被美国军事委员会判决对战俘死亡负有责任，处以公开绞刑。——编者注

②但是，我们在这个问题上不能过于天真。我们可以看到政府如何通过控制宣传工具，将其目标描述成道德上的正确目标。比如，美国将其在越南战场上杀戮男女老幼的行为，用“拯救自由世界”等名义合法化。我们还能看到，这些宣传如何轻易被公众认可为合法的目标。独裁者用普遍接受的价值观将他们的行动合法化，试图以此说服群众。即使是希特勒，也没有声称他痛恨犹太人，要把他们全部消灭，而是宣称要净化亚利安民族，扫除削弱民族力量的害虫，建设一个更高级的文明。——作者注

内化，这种长期教化在实验中是无法完成的。因此，将德国人绑定在服从行为之中的，不仅仅是瞬间的窘迫和反抗所产生的羞愧感，更多的是内化的惩罚机制，只有在与权威的长久关系中才能发展出来。

在此简单列举其他几个差别：反纳粹行为本身就是一个英雄主义行为，不是一个微不足道的决定，甚至可能失去生命。惩罚和威胁蔓延在各个角落，受害者已经被彻底贬低为没有生存价值的人群，无须得到人们的同情。此外，实验室中的受试者被告知，他们对受害者所做出的行为可能会造成短暂的痛苦，但不会造成永久伤害；而那些直接参与种族灭绝行动的德国人，很清楚他们的行为不只是让他人痛苦，而是毁灭人的生命。因此，我们最终的结论是，德国在1933—1945年间发生的事情，只能看做历史发展过程中绝无仅有的一次特殊事件，永远都不会被完全复制。

但是，服从是一个心理程序，我们可以通过对一个简单情境的研究，抓住它的本质，在这个情境中，合法权威命令一个人去伤害另一个人。无论是实验受试者还是纳粹时代的德国人，都面临着这样的情境，并且引发了一系列相似的心理调整。

迪克斯（H.V. Dicks）在1972年发表的研究中，为这个问题提供了更多的证据。迪克斯采访了前党卫军集中营的工作人员和盖世太保成员，他在文章的结论中，提到了对服从实验的看法。他发现，在采访党卫军集中营的工作人员和盖世太保成员中，呈现出与本实验室受试者相似的心理学机制：

米尔格拉姆……发现，在这个过程之初需要贬低被害者……我们在受访者身上也找到了同样的倾向，比如BS、BT和GM（迪克斯研究中的受访者）……在评估受试者用“无助小人物”态度进行自我辩护时，同样令人印象深刻的是米尔格拉姆给受试者的录音。他们事后宣称“相信他们被要求做的事情是错的”。因此，他们感觉自己是高尚的。他们没有主动反抗权威，因此，他们的高尚是无效的。这个发现让我们想起，一些受访者就出现了这种完全分裂的状态，比如PF（党卫军集中营工作人员），对于他们不得不做的事情，他们在事后努力表达出极大的愤怒。

米尔格拉姆的实验巧妙揭露了顺从与服从权威的“过于人性”的倾向……他的研究所提到的发生在“普通”的受试者身上的事后自我辩护，也发生在我们采访的党卫军集中营工作人员身上……

已故的高尔顿·奥尔波特（Gordon W. Allport）喜欢把这个实验范例称为“艾希曼实验”，因为他看到了这些受试者所在的情境与臭名昭著的纳粹官僚所处位置的相似性，这些官僚在“完成自己的工作”过程中，造成了数百万人类的毁灭。“艾希曼实验”这个词也许是恰当的，但是，我们不能由此而错误地对待这个研究的重要性。无论纳粹的行为多么无耻，如果我们只关注纳粹，认为这个实验所研究的只与那些众所周知的暴行有关，那就完全错误理解了实验的关键。因为，服从实验从根本上关注的是：普通人服从命令而做出的普通、日常的破坏行为。

第十五章
后记

道德与权威之间的冲突而引发的困境，是社会的基本特征之一。即使纳粹德国从未存在，我们仍然会面临这个问题。如果只是将它作为一个历史问题来研究，就无法接近问题的根本，可能会得出错误的结论。

有的人会反对使用纳粹案例，因为我们生活在一个民主国家，而不是独裁国家。但事实上服从问题不会因此而消失。我们探讨的不是作为一个政治组织模式的“独裁主义”，或者一系列的心理态度，而是权威本身。独裁主义可能会由民主化取代，但是，只要社会继续以我们所知的形式存在，权威就不可能消失。①

①比尔斯泰德（Bierstedt）准确地指出，权威是一个比政府更基本的现象：“在任何一个完整的社会结构理论中，权威都具有一个最基础的地位…… 从某种意义上，即使是政府，也不只是一个政治现象，其根本上还是一个社会现象……政府所发源的母体有着自己的秩序和结构。如果政府的反义词是无政府，那么社会的反义词就是反社会。换言之，从词语的狭义角度而言，权威绝不是一个纯粹的政治现象。因为，权威不仅出现在社会的政治组织之中，也存在于所有组织中。社会中的每个组织，无论大小和存续时间，都有其权威系统。”——作者注

在民主化国家中，人们通过公开选举的方式选择领导人。但是一旦领导者就职，就会成为权威，与通过其他方式占据这个位置的人没有差别。此外，很多实例告诉我们，以民主化方式就职的权威，也可能与我们的道德产生冲突，比如贩卖和奴役数百万黑人、消灭美国印第安人、拘禁日裔美国人、用汽油弹围剿越南平民，所有这些残酷的政策，都源自一个民主化国家的权威，并且得到了预期中的服从。尽管在每个事件中都有反对的道德呼声，但是，在普通人身上最常见的反应就是服从命令。

有一件事情始终让我如鲠在喉。我曾在全国各大学中进行服从实验演讲，实验受试者的行为令这些学生们非常震惊，他们表示，永远都不会做出这种行为。但就在几个月后，这些学生就走进了军队，被送上战场。与他们在战争中的所作所为相比，电击受害者的行为显得如此微不足道，但他们没有任何道德上的自责。无论在哪个时代，都会有人变成权威的代理，成为毁灭过程中的工具，这些年轻人与他们没有任何区别。

越南战争中的服从

每一代人都可以从自己所经历的历史事件中，了解服从问题。最近，美国在东南亚发起了一次代价高昂、备受争议的战争。

在越南战争中，普通美国人做出了太多的反人道行为，无法一一列举，在此推荐几篇相关主题的论文【泰勒（Taylor）1970，格拉瑟（Glasser）1971，赫勒斯坦姆（Hallerstam）1965】。简言之，美国士兵所做的暴行有：例行公事地烧毁村庄、设置“格杀勿论区”、大量使用汽油弹、用最先进的技术对付装备原始的军队、将大片的绿色土地夷成荒芜、逼迫病人和老年人疏散、为了军事利益屠杀数百名手无寸铁的平民。

在心理学家眼中，这些并不是与个人无关的历史事件，做出这些行为的人和我们一样，都是普通人。这些人在经过权威的改造后，完全放弃了承担行为后果的个人责任感。

为什么只需短短几个月的时间，一个善良人就可以不受任何道德约束地杀害其他人？让我们对这个过程进行分析。

首先，他必须从军事权威系统外部进入到系统内部。征兵行动就是达到这个目的的官方机制。效忠宣誓则进一步强化了新兵对其新角色的承诺。

士兵进行军队训练的区域，在空间上与其他社会区域隔离，确保没有竞争权威的存在。同时根据一个人的服从程度，规定了奖罚制度。基础训练通常要持续几个星期，尽管其表面目的是教授新兵军事技能，但根本目标是打破任何残留的个人特征和自我。

每天进行几个小时的阅兵训练，其主要目的也不是提高阅兵效率，而是让士兵遵守纪律，以一种可见的形式将个人淹没在一个组织模式之中。阅兵方队步伐一致地前进，每个人都听从操练场权威的指挥。这个编队中的组成元素，已经不再是人，而是自动机器。军队训练的全部目标，就是将士兵转变成这种状态，消灭任何残留的自我意识。不断加大与权威的接触程度，实现对军事权威的内化接受。

在被运送到战场之前，权威会努力向士兵定义他们行为的意义，将其与被推崇的理想和更大的社会目标联系起来。新兵听到的定义是：在战场上遇到的都是他的国家的敌人，必须将其消灭，否则祖国将陷入危机。这个情境的定义方式，让残忍的非人类行为显得很公正。越南战争中还存在一个因素，让暴行实施起来更加容易：敌人来自另外一个种族，美国士兵把越南人叫做“gook”（越南佬，一种蔑称），好像这个种族的人是二等人类，不值得同情。

在战区，士兵又面临一个新的现实问题：他们面对的是经过相似训练和意识灌输的敌人。如果士兵中出现非组织化行为，就会威胁到整支部队，导致整体战斗力下降，甚至可能导致惨败。因此，维护纪律就成了一个关乎生存的因素，士兵没有更多的选择，只能服从。

士兵在执行任务时会杀戮，会让他人受伤或致残，不管对方是军人还是平民，但不会感到个人约束。虽然他们的行为让男女老少遭受了巨大的痛苦，甚至死亡，但他们并不认为这与其个人有关，他们只是在执行分配给他们的任务。

有些士兵可能会不服从命令，或者做出反抗行为，但是鉴于他们所处的真实情境，这种行为似乎不是现实之举。试想，他们能逃到何处？此外，反抗会受到严厉的惩罚，但最关键的，还是士兵心中强大的内化服从基础。他们不希望表现得像个懦夫，或者不忠诚，不配做个美国人。这个情境的定义是：他只能通过服从，才可以把自己看做一名爱国者，一个勇敢的男子汉。

士兵们被告知，他杀人有着正义的理由。但这种定义不仅来自排长、连长或者是越南战场上的最高指挥官，而是来自最高的源头——总统本人。国内的反战人士也会受到士兵们的厌恶。士兵已经进入一个权威结构之中，如果批评他正在进行恶魔行为，就等于威胁到他的心理调适机制。士兵之所以能坚持下去，依靠的就是这种调适：只是熬过每一天，活着，就已经足够了，没有时间担心道德问题。

有些人可能只会部分进入代理状态，仍然保持着人类的价值观。受到良心谴责的士兵，无论数量多寡，都是军队整体性的潜在威胁，因此，他们会被与部队隔离。

但是，在这里，我们会学到组织功能的重要一课：单一个体的背叛，只要可控，都不会带来严重后果，因为“流水线”的下一个人会取代他的位置。反抗士兵对军队功能的唯一威胁在于：单独的反抗者有可能激发其他人做出相同的行动。因此，必须将他隔离，或予以严厉处罚，以防效尤。

在很多情况下，技术会作为必要的缓冲方式，减少这种紧张感，比如从一万英尺的高空向平民扔下汽油弹，或者，在格林机关枪的红外线示波器上，攻击的目标只是微小的雷达点。

战争在继续，普通人做出如此残忍可怕的行为；与这些士兵相比，实验中的受试者简直就是天使。战争之所以结束，并不是因为个体士兵的反抗，而是政府改变了政策。士兵之所以放下武器，是因为这是政府下达的命令。

人类在战争期间的行为，证实了从服从研究中推论出的最黑暗预言。越南战争中的米莱村大屠杀，非常清楚地揭示了本书一直在探讨的问题。CBS新闻台的麦克·华莱士（Mike Wallace）采访了一位屠杀参与者：

问：每架直升机上有多少人？

答：5个人。我们在村旁边降落，然后排成队走进村子。我们在掩体那边看到一个男人，一个越南佬，他在那里缩成一团。然后，我们之中有一个人喊道：那边有个越南佬。

问：那个人多大年纪？我的意思是，他是个士兵，还是老年人？

答：老年人。我们的人转过身说，这里有个越南佬。然后，中士米歇尔就大声喊，杀了他。

问：米歇尔中士是你们20个人的头儿吗？

答：他负责整个小队。于是，那个人就开枪了。我们接着走进村子，开始搜索村子，将人们赶到一起，在村子中心位置搜索。

问：你们一共找到多少人？

答：大约有40到50人，在村子中心。我们让他们待在那里，就像一个小岛，就在村子的中间……然后……

问：都是些什么人？男人、女人还是孩子？

答：有男人、女人，也有孩子。

问：还有婴儿？

答：有。我们把他们弄到一起，让他们蹲下来。然后，卡利中卫过来说：你知道该怎么办吧，是不是？我说是。我以为，他只想让我看着这些人。然后他走了，10—15分钟后又回来了，说：你怎么还没干掉他们？我告诉他，我以为他并不想让我杀了他们，只是看着而已。他说：不！我要他们死！于是……

问：他是告诉你们所有的人，还是只告诉你一个？

答：他当时面对着我，但其他的3—4个人也听到了。他后退了10—15英尺，开始冲他们开枪。他告诉我开枪，于是我就开枪了，用光了4个弹夹。

问：你用什么枪射出了4个弹夹的子弹？

答：M-16。

问：每个弹夹有多少——我的意思是，多少——

答：每个弹夹有17发子弹。

问：也就是说，你射出了大约67发子弹？

答：对。

问：当时，你杀了多少人？

答：我用的是自动步枪，因此没办法——我只是向着他们扫射，不知道杀了多少人，他们死得很快，我可能杀了10-15个人。

问：男人、女人和孩子？

答：男人、女人和孩子。

问：还有婴儿？

答：还有婴儿。

问：嗯，接着呢？

答：我们开始将更多的村民弄到一起，更多人。搜到7—8个人后，我们打算把他们赶进一个草屋，然后扔进去一颗手榴弹。

问：然后你们又抓了更多人？

答：是的，我们又抓了人。我们搜了7—8个人，打算把他们扔进一个草屋，哦，我们打算把他们赶进草屋，然后扔进去一颗手榴弹。有个人在河沟那边搜索，告诉我们把这些人带到河沟那边。于是我们又把他们弄了出来，领到那边。到了那边之后，他们大概有70—75人，都弄到了一起。于是，我们把手头上的这几个人也赶进了人群，然后卡利中尉告诉我说：士兵，我们还有另一件事情要做。他走向那些人，把他们推倒，然后开枪……

问：把他们推到河沟里？

答：是，推进河沟里。那是一条沟，于是我们也开始把他们推倒，冲他们开枪。我们把他们都推进去，开始用枪自动扫射。然后……

问：还是男人、女人和孩子？

答：男人、女人和孩子。

问：还有婴儿？

答：还有婴儿。我们开始冲他们开枪。有个人告诉我们转到单发模式，节省子弹，于是我们转到单发模式，用光了几个弹夹……

问：你为什么这么做？

答：我为什么这么做？因为我认为，这是对我下的命令，就是这样。在那时候，我感觉自己做的事情是正确的。因为，就像我说的，我失去了战友，我的好战友，我的朋友鲍比·威尔森。这件事一直折磨着我。因此，做完这件事情后，我感觉挺好的。但在那天晚些时候，我就感觉不对了。

问：你结婚了吗？

答：是的。

问：有孩子？

答：两个。

问：多大了？

答：儿子两岁半，女儿一岁半。

问：我有个问题……作为两个小孩子的父亲……你怎么能开枪杀婴儿呢？

答：我当时还没有小女儿，只有儿子。

问：哦……你怎么能开枪杀婴儿？

答：我不知道。这只是那些事情中的一件。

问：你估计那天一共死了多少人？

答：估计有370人。

问：你怎么估计出这个数字的？

答：只是观察。

问：那么，你自己杀死了多少人？

答：我不知道。

问：25人？50人？

答：我说不上来，太多了。

问：有几个士兵开枪？

答：这个我真的也不知道。还有其他的人……有另外一个排，也在那里……但是我不知道有多少人。

问：你们把他们排成一排开枪吗？是交叉射击吗？

答：他们没有站成一排……他们只是被推到沟里面，或者只是坐着、蹲着，我们就射击。

问：这些百姓，尤其是女人、孩子和老人，他们做了什么？他们对你们说了什么？

答：他们没有怎么说话，他们只是被推了下去，我们让他们做什么，他们就做什么。

问：他们是否向你们哀求，说：不……不……，或者……

答：是的，他们哀求来着，也说：不，不，之类的，妈妈抱着他们的孩子，但是他们不断地开火，我的意思是，我们不断开火，他们只是挥动手臂，哀求……

（《纽约时报》，1969年11月25日）

这名士兵并没有因其在米莱村屠杀中的行为而受到审判，因为当公众开始关注这次屠杀时，他已经退伍。[1]

---

①在军事法庭的审判中，执行此次行动的那个排的最高长官卡利中尉以“执行上级命令”为自己辩护，但被驳回。值得借鉴的是，军事法庭检察官并没有反对“军人必须执行命令”这一原则，而是判卡利擅自行动，从这个角度认定他承担这次屠杀的责任，判其有罪。

凯尔曼（Kelman）和劳伦斯（Lawrence）研究了美国公众对卡利案的反应（1972）。他们的发现多少让人担心：51%的受访者表示，如果长官命令他们射杀一个越南村落的村民，他们会遵命而为。凯尔曼总结说：

“很显然，不是所有人都完全认可看似合理的权威命令；米尔格拉姆实验中，不是所有受试者都坚持到最高电击；卡利下令杀死手无寸铁的平民，也不是所有的下属士兵都服从了这个命令。很显然，那些反抗者努力维护的，是我们在日常生活中所使用的个人归因和责任感框架。

“但是，我们的数据也显示，也有很多美国人认为自己没有权力反抗权威的命令。他们认为卡利在米莱村的行为很正常，甚至值得赞赏，因为（他们认为）他是在服从合法权威的命令。”

我们需要提出这样一个问题，为什么在凯尔曼的受访者中，很多人认为自己会服从米莱村事件中的军事权威？（但在我们的实验中，几乎没有一个人预料到会出现如此高比例的服从）首先，这个采访进行的时间正值越南战争，人

转下页

翻看米莱村屠杀、艾希曼审判以及安德森威尔战俘营指挥官亨利·沃兹的审判记录，我们会看到以下几个现象反复出现：

1. 我们发现，很多人做事是受行政的角度支配，而不是道德的角度。

2. 的确，参与这些行为的个体可以区分出什么是履行职责的伤害他人，什么是个人感受的表达。他们虽然也会有道德感，但所有的行为都受更高权威的控制。

3. 诸如忠诚、责任和纪律这样的个人价值观，是等级社会的技术需求。个人将这些价值观作为一种非常个人化的道德需求，但是在组织层面中，这些价值观只是维护更大体系所需要的技术先决条件。

4. 每个人在成长过程中，都会学习到一些文字表达的道德概念，为此，语言会被修饰，使其在表达上不会与这些道

接上页
们的回答反映了公众对这场战争的态度，表达了对政府政策的支持。如果在和平时期提出这个问题，我想，大部分人的回答都是不服从。这个结果还表明了公众与美国士兵之间的团结。美国人认为，士兵不应该被送上军事法庭。其次，在战争背景中提出服从问题，就等于把问题的答案摆在你面前：受访者知道，士兵肯定会服从命令。受访者的回答来自人们通过各种方式对战争环境的了解。但是，这并不代表人们理解服从的基本原则，只有将这些原则正确地应用于独特的情境中，我们才可以理解它们。人们都知道，士兵会做出杀戮行为，但他们不知道的是，这样一个按程序实施的行为是程序的逻辑性结果，这个程序以隐秘的方式运转于任何一个等级组织中。最后，这个结果显示出美国人在对待越战的态度上接受权威观点的程度，他们完全被政府的观点所灌输（在社会层面，国家宣传是政府对情境定义的传播方式）。从这个角度来看，凯尔曼的受访者并未完全站在权威系统之外，而是已经受其影响。——作者注

德概念产生冲突。我们的语言中充满了这种严肃的婉转表达方式，确保个人不会质疑其行为的全部道德含义。

5. 在下属的心中，责任完全由上层承担。很多下级会请求“批准”某个行动。的确，当下级反复请求上级的批准时，就表达出一个早期信号，表明下级某种程度上已经意识到行为违背了道德原则。

6. 几乎所有行动都被用一套有意义的目标加以合法化，用这些意识形态的目标将其变成高尚的行为。在本实验中，违背受害者的意愿对他施加电击，被冠以“服务于科学”的目标；而纳粹迫害犹太人的行动，则被称为去除“犹太害虫”的“清洗”过程。

7. 对破坏性事件提出反对，或者作为话题谈论，似乎是一件需要避讳的事情。因此，在纳粹德国，即使是完全认同种族灭绝“最终解决方案”的人，也会将讨论杀戮视为无礼之举。同理，在服从实验中，受试者在向主试表达反对意见时，经常会显得很尴尬。

8. 如果要保持受试者与权威之间的关系不被破坏，心理调整就必须开始起作用，减轻执行不道德命令所产生的紧张感。

9. 服从的表现形式，不只是相反意愿或理念的剧烈对抗，更是深植于我们生活的方方面面。我们的社会关系、事业野心以及日常工作，都是服从的影响因素。我们通常不会看到英雄人物出现行为和道德的冲突，也很少看到病态的攻击性人物利用他的权力位置作恶。我们经常看到的情景是：一个官员做着他分内的工作，努力打造出称职胜任的印象。

现在让我们回到实验中，进一步挖掘它的意义。实验报告中描述的都是人类的正常行为，只是在一定条件下显现出来。它清楚地表明，人类的外表下潜藏着对人类生存的威胁。我们看到的是什么？不是攻击性，因为那些电击受害者的人没有愤怒、仇恨或者敌意。的确，人类会愤怒，做出仇恨的行为，在愤怒中爆发，伤害他人。但本实验中的行为并非源自此，而是一个更危险的原因：人类可以把人性完全抛到脑后。当然，他这样做是必然的，因为他将自己独特的个性完全融进一个更大的组织结构之中。

这是人类与生俱来的致命缺陷，从长远来看，它将影响人类未来的生存。

讽刺的是，诸如忠诚、纪律和自我牺牲这些人类高度赞扬的个人美德，正是创造战争中破坏性的组织工具、并将人与恶意的权威体系绑在一起的因素。①

每个人都有道德感，只是程度不同而已，这是对人类伤

①无政府主义者认为，应该解散所有的政治机构，这似乎是解决权威问题的有效办法。但是无政府也有无法解决的问题。首先，尽管权威的存在有时候可能导致各种不道德的残忍行为，但是，如果一个组织中没有权威，当组织化程度更高的其他组织对它进行攻击，它就会沦为受害者。如果美国完全放弃了各种政治权威形式，结果不言而喻。我们的去组织化很快就会把我们变成弱者，因为组织化更高的社会很快就会意识到我们的现状，然后抓住机会，攻击我们的弱点。此外，我们不能只是简单地勾勒这样一个画面：一个高尚的人，持续不断地与恶意权威进行战斗。有一个事实显而易见，这个人大部分的高尚人格，以及他对抗恶意权威的那些价值观，其本身就源自权威。只要存在一个人因为权威而做出恶意的行为，就会有另外一个人受到限制，不能做出这种行为。——作者注

害他人冲动的一种约束。但是，当个体将自我融进一个组织结构，这个自主人类就会出现巨大变化，不再受个人道德限制的约束，人性的抑制机制失效，他关注的只是权威的认可。

这种服从有没有底线？我们努力通过实验划定服从的范围。我们加入了受害者的呼喊，受试者仍然按照命令继续电击；受害者表示有心脏病，受试者仍然按照命令继续；受害者请求离开，拒绝作出回答，受试者仍然继续。我们在实验之初并没有预料到，需要用如此剧烈的方式去激发反抗。但很显然，所有的这些方法，都没有对实验结果带来显著影响。最后，我们设计了接触情境，这是我们划定服从范围的最后尝试。但是，实验中的第一名受试者就完全服从，按照主试的命令，制服了受害者，持续到最高电击。本情境中有四分之一的受试者做出了类似的行为。

实验室中的所见所感令我忧心忡忡。结果显示出：面对来自恶意权威的指挥，普通人可能会做出残忍的非人类行为；人性——更准确地说，是美国民主社会塑造的性格，很难防止这种现象的发生。只要感知到命令来自合法权威，很多人就会“遵命而为”，无论命令内容如何，也不受道德的约束。

哈罗德·拉斯基（Harold J. Laski）在《服从的危险》（*The Dangers of Obedience*）中写道：

……文明首先意味着不愿造成不必要的痛苦。在这个定义的范围内，不加任何思索就接受权威命令的人，不能称之为文明人。

……如果不想让生活变得毫无意义和价值，我们就不能接受违背人类基本经验的事情，无论它来自传统、常规或者权威。我们很有可能会犯错，但是，除非这件事情的目标符合我们的感受，否则，我们就要坚持自我观点。无论是在哪个国家，必须长久而广泛地质疑权威所持原则，自由才能为续。

附录一

研究中的伦理问题

本书所描述的实验的目的，是通过一些情境研究对权威的服从和反抗，这些情境允许我们对服从现象进行认真考察。在实验中，主试要求受试者遵守一系列越来越无情的命令，我们的关注点是了解他何时停止服从。为此，我们需要设计一个场景，为我们的观察提供恰当的情境，其中包括一些技术错觉（比如受害者只是装作被电击）。此外，受试者的行为完全是其主动之举，我们没有对之进行计划，我们只是在观察。

但是，很多批评者认为，这个实验的最可怕之处，并不是受试者做出服从行为，而是这种实验居然得以实施。专业心理学家的态度呈两极化倾向，要么对实验高度赞扬，要么就是全盘否定。1964年，戴安娜·鲍姆林德（Diana Baumrind）博士在《美国心理学家》（*American Psychologist*）杂志上发表文章，对这个实验进行了严厉批评，我后来对此作了公开回复：

……在上期《美国心理学家》中，一位批评人士对服从实验报告提出了几个问题，表达了对实验中受试者利益的关注。她希望了解的是，本次实验是否采取了足够的措施保护参与者。

首先，这位批评人士混淆了两个概念：实验的意料外结果和实验的基本程序。比如，她说，受试者产生压力是实验控制蓄意、期望的结果。的确，很多实验室程序设计是为了制造压力【拉扎勒斯（Lazarus），1964】，但是服从实验并不是其中之一。很多受试者所产生的极端压力，是我们没有预料到的。在进行实验之前，我与很多同事讨论了这个程序，但没有人预料到受试者会出现这样的反应。不是所有实验在开始之前都会预期到结果。对结果未知的情境进行研究，更能增进我们的认识。如果一名科学家不愿意接受这种程度的风险，就必须放弃科学探索的想法。

此外，在实验正式开始之前，我们有理由认为，受试者会在受害者抗议之后拒绝执行主试的指令。我向很多同事和精神病学家询问过这个问题，他们都认为结果会是如此。由于本实验中研究的重点是反抗，我们在实验前必须相信，人类自发的因素将帮助他们克服来自权威的压力。

随着参与实验的受试者越来越多，很显然一些人会坚持用到最强电击，一些人会感受到压力，这是事实。我曾经认为，受害者的反抗会是受试者的第一个合理转折点，在那一刻，他至少会开始思考，是否应该放弃实验。但是，瞬间的情绪波动不等于伤害。随着实验的继续，并没有迹象显示受试者出现了伤害性结果。正是由于受试者对实验强大的支持，我才判断可以继续这项实验。

也许，批评所关注的并不是意料外结果，而是实验方法。的确，很多受试者做出了令人震惊的不道德行为。如果结果正好相反，每位受试者都能在“轻微电击”级别放弃，或者在学生感到不舒服的第一时间结束，结果就是令人欣喜愉快的，还会有谁加以反对吗？

我们精心设计了实验后程序，对我们的受试者进行采访，这也是实验过程中很重要的一部分。我们会将部分实情告诉受试者，但具体内容根据情境的不同而有所差别，我们的经验也在逐渐积累。至少，我们告诉所有受试者，受害者并没有真正受到危险的电击，所有受试者都与毫发无损的受害者握手言和，并和主试进行了深入讨论。对反抗的受试者，我们表示支持他们反抗主试的决定；而对服从的受试者，我们强调服从是完全正常的行为，其他参与者也经历了同样的心理冲突或紧张。此外，我们还告诉受试者，实验系列结束之后，我们将向他们邮寄一份综合报告，可能还会与部分受试者就实验进行更持久深入的讨论。

实验系列结束后，所有受试者都收到了一份书面报告，报告提供了实验程序的细节和结果。我们再一次以尊重的方式评价了他们在实验中的角色和行为。此外，所有受试者都收到了一份关于参与实验的调查问卷，再一次给他们提供一个机会来表达对自己行为的看法和感受。

调查问卷的回复印证了我的看法：大部分受试者对实验的感受很正面。从数据上看（见表8），84%的受试者表示他们很高兴参加了这次实验；15%的受试者表示他们的感觉比较中性，只有1.3%的受试者表达了负面的看法。在得出最终结果之前，我们需要谨慎分析这些数据，但它们的价值是不可忽视的。

表8：摘自服从后续研究的调查问卷

我已经阅读了报告，我感觉……	反抗的受试者	服从的受试者	总计
1. 参加实验特别高兴	40.0%	47.8%	43.5%
2. 参加实验比较高兴	43.8%	35.7%	40.2%
3. 参加实验既不难过也不高兴	15.3%	14.8%	15.1%
4. 参加实验比较难过	0.8%	0.7%	0.8%
5. 参加实验特别难过	0.0%	1.0%	0.5%

注：92%的受试者返回了调查问卷。我们对未回应受试者的特征进行了统计，并与回应受试者相比对。唯一的差别在于年龄，未回应组中的年轻人居多。

此外，80%的受试者认为，应该进行更多这种类型的实验；74%的受试者表示，参与实验让他们学到了一些对他们个人而言很重要的东西。

实验后还进行了情况汇报与评估程序，这是常规程序，并不是因为在实验中出现了什么特别的风险。我认为，任何时候受试者都没有处于危险之中，也没有因为参与实验而带来伤害性后果。如果不是这样，实验会立刻被中止。

批评人士认为，受试者完成实验后，无法让自己的行为合理化，不得不承受行为带来的全部压力。但这种事情基本上不会发生，因为那些让受试者服从的机制会超越实验这一时间段，继续让他的行为在他自己看来有合理性。受试者在做出行为和行为过后都持有相同的观点，即：他是在“执行权威指派的任务”。

电击无辜的他人是一个令人不快的想法，因此，很多人在听到实验设计之后会说：“人们不会这么做。”得知实验结果，他们又会认为“他们这么做，以后生活中就很难面对自己”。这两种对实验结果的否定观点都是对人类社会行为真相的误读。很多受试者确实服从到最高电击，但没有迹象显示，实验对他们产生了负面影响。

实验方法中的最基本条件就是不产生伤害。但是，参与实验也会带来一些重要的积极意义。批评人士认为，受试者参与服从实验没有任何个人收益，这并不正确。很多受试者都以书面和行动的方式表示他们收获良多。很多人认为，这次科学研究很重要，很高兴能够参与其中。一位受试者在实验后一年的来信中说：“这个实验强化了我的信仰，那就是，即使冒着违背权威的风险，人类也不应该伤害同胞。”

另一位受试者写道：“对我而言，实验划出……一个范畴，在这个范畴中，每个人都应该有一个坚定的根基，或寻找这样的根基，无论是多么微不足道的决定，都应该以这个根基为基础。我想，人们应该深入思考自我，思考自己与世界以及与他人之间的关系。如果这个实验是为了警醒人们不要自以为是，那么它达到了目的。”

大部分参与者都表达了感谢之情，并给出了有见地的评价，上述文字就可以证明这一点。

在实验系列全部结束后，我们编写了共5页的实验报告，发给所有受试者，目的就是要强化受试者参加实验的体验价值。报告介绍了实验项目的广义概念、设计逻辑和部分实验结果，分析了产生紧张感的原因和实验的重要性。受试者的反应都很积极，很多人希望能参与更进一步的实验研究。这一报告是几年前寄送给受试者的。批评人士认为实验人员并不关心受试者参与实验是否有所收获，我们精心准备的这份报告有力反驳了这个看法。

批评人士担心，由于参与者在实验过程中所体验的强烈感受，今后将会远离心理学实验。但据我观察，人们更反感那些空洞乏味的实验过程，参与那种实验唯一的感受就是，把时间浪费在一件没有任何用处和意义的事情上。

而对于服从实验，受试者的整体看法是：实验让他们更加深入地了解了自己，更广义而言，了解了人类行为产生的条件。

实验项目结束一年后，我进行了另一次后续研究。请来一位临床经验丰富的精神病学家，作为立场中立的研究员，采访了40名实验受试者，对他认为最有可能受参与实验影响的受试者进行重点观察，试图寻找实验可能导致的伤害性结果。他的结论是：尽管有几名受试者感受到强烈的紧张，但是“根据本采访员的观察，在所有受试者中，没有迹象显示参与实验对受试者造成了伤害……每位受试者（在实验中）处理任务的方式，似乎都符合常规的行为模式。我们没有找到任何创伤反应的证据”。在给服从实验作判断之前，应充分考虑这一证据。

从根本而言，批评人士认为用这些实验情境研究服从不恰当。她认为，在这些情境中，受试者除了服从别无选择。

这个看法完全忽略了另外一个实验结果：也有很多受试者反抗。他们让我们了解到，反抗的可能性是真实存在的，绝不会因实验情境的整体设计而被排除。

在第一个实验中出现了高比例的服从，这个结果让批评人士很担忧。在她关注的这个情境中，65%的受试者完全服从。但她的忧虑却忽略了一个事实：在这个心理学实验的整体框架中，不同情境中的服从存在巨大的差异。比如，在其中一个变体中，有90%的受试者反抗。我想，不同情境的结果之所以相差悬殊，这不仅是一个实验的必然，而且实验情境中各项因素的特别构造也会对服从和反抗的比例产生影响。

说到人的尊严，一个人之所以受到尊重，是因为他能够做出合乎道德的行为。批评者认为，受试者之所以电击受害者，是因为主试“让”他这么做。我对之持有异议。主试确实向受试者发出了行动命令。但是，在命令和结果之间，还有一个最重要的力量，个人可以选择服从或者反抗。我最初也认为，面对权威的命令，每一名受试者都能自由地选择接受或拒绝，这充分符合人类尊严的概念，这个概念认为，每个人都有能力选择他自己的行为。事实证明，确实也有很多受试者拒绝了主试的命令，这是对人类理想强有力的证明。

对服从实验另外一个批判观点是：“受试者今后很可能无法……再信任成人权威。”但是，主试并不是一个普通意义上的权威，而是让另一个人做出可怕行为的权威。如果参加实验可以让人们警惕这种类型的权威，我认为这就是本实验最大的价值。也许，之所以出现这种看法上的差异，是因为双方秉持的理念不同。批评人士将受试者看做完全由主试控制的被动个体，而我开始这个实验的看法与之不同。我认为，进入实验室的受试者是一名可以进行主动选择的成年人，完全能够接受或拒绝向他发出的行动指示。批评者认为实验可能会降低受试者对权威的信任，但我认为，在某种程度上，这是一次有价值的体验，因为它让人们意识到，不加区别地服从权威，会带来各种问题。

丹尼·阿布斯（Dannie Abse）在他的戏剧《巴甫洛夫的狗》（*The Dogs of Pavlov*）中，提出了另外一种批评意见。这出以服从实验为主题的戏剧于1971年在伦敦上演。在高潮部分，男主角克特痛斥主试把他当成一只实验小老鼠。阿布斯在这部戏中，特别谴责了实验中的伪装手段，称之为“臭狗屎”、“欺骗”、“狡诈”。但很显然，他同时也很喜欢本实验中的戏剧化特征。我对此作了反驳。他将我的反驳收录在了他出版的这部戏的前言中。我写道：

我认为，您在谴责实验中使用的虚假手段时，措辞过于严厉。作为一名戏剧家，您肯定会明白一个道理，错觉也可以带来启示。戏剧之所以成为可能，也正是通过各种巧妙的设计。

一个人在欣赏戏剧表演时，是不是可以认为剧作家欺骗和愚弄了观众？因为舞台上的一个老年人，洗去化妆后就变成了年轻人；一个戏剧中的医生，实际是没有任何医学知识的演员，如此等等。如果将之冠以“臭狗屎”“欺骗”“狡诈”的评判，显然很愚蠢。因为这种批评没有考虑到，那些置身戏剧错觉中的观众们，如何看待这些错觉。事实是，观众接受了错觉的必要性，因为戏剧带给人们很多的益处，比如娱乐和智力享受。正是因为观众接受了这一点，您才可以设计剧情，这也是您的职业所需要的。

因此，我不想说您狡诈地欺骗了观众。我也是以同样的态度看待服从实验。虽然在实验中使用了错误的信息，但在必要的情况下使用假象，其目的就是为了设计一个舞台，让某些难以把握的真理呈现在舞台之上。这些程序都是公正的，只有一个原因：那些置身其中的人们，最终接受并认同了这一点……

……当我们向受试者解释实验时，他们的反应非常正面。大多数人认为，这一小时非常有意义。如果受试者在实验结束后的感觉非常痛苦，并对我们作出批评，实验就不可能持续。

我之所以对实验作出这样的判断，首先基于实验刚刚结束后我与受试者进行的无数次对话。这些对话透露出很丰富的内容，而表现最突出的是实验中的体验很充分地融入到了事情的正常框架当中。此外，所有的受试者都很友好，他们没有心怀不满，更多的是好奇，而不是谴责，绝没有因这次经历而感到尊严受伤。这就是我的总体印象。后来，我们还进行了正式的实验后研究，评估受试者对实验的反应，研究结果也支持了我的看法。

关于服从实验中使用的这种实验程序，其道德合理性的关键就是：实验参与者认为可以接受。这一点贯穿了实验的始终，是实验持续进行的重要的道德保障。

如果要从道德方面对服从实验进行评价，这一点不容忽视。

假如，某个实验过程中，实验程序要求切掉一个人的小手指。这样的实验不仅应该受到谴责，而且实验肯定会中途停止，因为愤怒的参与者会向大学的管理层投诉，并使用法律的武器限制实验人员的行为。一个人如果被虐待，他会知道，也会恰当地应对导致这种错误对待方式的源头。

如果不考虑参与者的接受程度，对实验的批评就是空洞的。这一点尤其适用于对技术性错觉的批评（或者是批评家更愿意使用的一个词：欺骗）。他们没有将这个问题与一个核心事实联系起来，那就是：受试者认为这个设计是可以接受的。因此，真正有权力作出评判的，是实验参与者，而不是外界评论人士。

一些人认为，实验人员的行为是在进行欺骗、操控和欺诈。但是，正如您应当欣赏的，我们也可以把这些科学家看成剧作家，他们创造出一个具有启示力量的场景，将参与者带到这些场景中。因此，也许我们与您所做的工作并没有太大的不同。当然，观众进入您所创造的戏剧错觉之前，就已经预料到了这一点；但在实验开始之前，我的受试者并不清楚这一点，这两者间确有重要差别。但是，像这样使用戏剧设计来探寻真理就不道德？不能抽象地对之作出回答，问题的答案完全取决于参与者的反应。

此外，服从的受试者并未因电击受害者而进行自我谴责，因为这个行为并不源自他自己，而是源自权威。服从受试者对自己作出的最差评价就是：未来必须更加有效地学习反抗权威。

在我看来，能引发一些受试者这样的思考，是这个实验令人满意的结果。有一个例子可以证明这一点。一位年轻人参加了1964年的普林斯顿复制实验，并且完全服从。1970年10月27日，他给我写了一封信：

“参加‘电击实验’……对我的生命产生了重大影响……

“我1964年参与了这个实验。当时，尽管我知道自己正在伤害一个人，却完全没有意识到为什么这样做。很少有人能明白，他们何时是按照自己的信仰行事，何时只是在服从权威的命令……如果我应征入伍，我觉得自己会屈服于权威的命令而做出完全错误的事，这让我对自己感到害怕……如果我申请不到‘拒服兵役’资格，我也不想参军，已经准备好去蹲监狱了，这是我忠诚于信仰的唯一手段。只希望征兵委员会的成员能根据他们的道德观行事……”

他想知道其他参与者是否也这么想，并且问我，参与这次研究是否会产生这样的效果。

我这样回复他：

“的确，这个实验探讨的是，当权威命令与个人道德之间产生冲突时，人们所面临的困境。在参与这次实验后，您能对这些问题进行深入的思考，对此，我非常高兴。有几名参与者告诉我，通过这次实验，加深了他们对服从权威问题的认识。如果参与实验提高了您对无原则服从权威问题的认识，那么这个实验就具有了重要意义。如果您坚信，在服役过程中杀害其他人是错误的，那么，就应该坚决申请拒服兵役资格。我真切期待您对这个问题的认真态度可以获得认可。”

几个月后我收到了他的回信。他首先说，对于他参加服从实验的影响，征兵委员会并不感兴趣，但是他的拒服兵役资格通过了。他写道：

“我仍然强烈地相信，这个实验对我的生活产生了重要影响，不会因与征兵委员会的面谈而减弱……

“……您发现了这个世界上诸多问题的一个最重要原因……这个发现中也有我的一份子，我感到非常荣幸。如果想要解决这些问题，人们必须做些什么，非常高兴能够通过拒服兵役为之出一份力。

“真诚感谢您对我的生活所作出的贡献……”

在当今世界中，人们的行为往往可以作多种解释。我觉得，对于这位参与服从实验的年轻人，我应该给予他比对一位毫无关系的评论家更多的关注。我们不应该进行脱离现实的道德说教，而是要关注实验参与者所作出的反应。他们的反应表明，他们不只支持我们的实验设计，还强烈呼吁对服从和反抗问题进行更深入的研究。

多年来，很多专业人士发表文章支持服从实验。

著名临床心理学家米尔顿·艾瑞克森（Milton Erikson）博士写道：

这项（米尔格拉姆的）工作是该领域中的开拓性工作，但却备受批评，受到不道德、不公正、没有实际意义等我们能预料到的各种诋毁和否定。之所以如此，只是因为人们在面对令人不快的行为时，会闭上眼睛；人们更喜欢研究记忆，还有一些无意义的只言片语……

米尔格拉姆的研究，对我们认识人类行为作出了意义重大而深远的贡献……米尔格拉姆在这个研究之初就已经清楚地意识到，他所打开的这个科学研究领域，可能会带来批评和指责……想要进行米尔格拉姆这样的研究，你必须是一个强大的人，必须对科学抱有坚定的信仰，自愿去发现这样一个事实：想要成为一个人而不是“魔鬼”，必须要对自身的残忍行为负责，并进行控制。

哥伦比亚大学的社会学教授阿米泰·艾兹奥尼博士（Amitai Etzioni）写道：

……在我看来，米尔格拉姆实验是当代最优秀的实验之一。经常有人认为：对于一项研究而言，如果它意义重大、生动有趣、富有人道主义，就不可能是一次精确的经验主义量化研究，反之亦然。但他的实验证明这个看法是错误的。这两种方法可以相结合，并且给两者带来好处……

赫伯特·凯尔曼（Herbert Kelman）教授曾就实验研究中的伦理问题，写下了一篇颇有见地的文章，名为《人类受试者的人道运用：社会心理学实验中的欺骗问题》（*Human Use on Human Subject: The Problem of Deception in Social Psychological Experiments*）。伯克利大学的社会心理学家托马斯·克劳福德（Thomas Crawford）博士评论说：

凯尔曼的看法是，在实验中进行控制是合法的，只要这些控制能够提高个人的选择自由。我认为，米尔格拉姆研究……正是为了实现凯尔曼所说的这种令人赞赏的目标。当你阅读这个研究，很容易就会想到我们自己生活中相似的冲突。

加州大学戴维斯分校的阿兰·艾尔穆斯（Alan Elms）教授写道：

米尔格拉姆探索了产生这种破坏性服从的情境，以及导致这种放弃责任企图的心理学过程。在我看来，这是现代心理学中最具道德意义的研究。

附录二

个体模式

为什么有人服从主试，有人反抗？为了更深入地理解这个问题，我们对受试者进行了一些个人测试，了解在责任概念方面，服从的受试者与反抗的受试者是否有着不同的认识。前4个实验情境中的受试者参加了“责任钟表”测试。测试中有一个圆盘，旋转从圆心延伸出来的三个指针，可以将圆盘分成三部分，代表实验三方（主试、受试者和受害者）的责任，就像切蛋糕。受试者完成实验后进行这个测试。我们的问题是：“受害者在违背其意愿的情况下受到电击，在这件事情

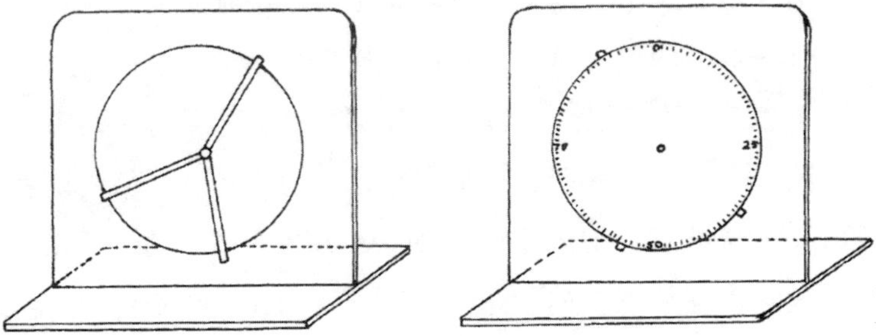

图20：责任钟表

上，每个人的责任是多少？”圆盘的背面划分了360度，受试者在旋转指针后，主试记下圆盘背面显示的结果。

整体而言，受试者很顺利地完成了这个任务。参加测试的共有118名受试者，结果显示在表9中。

表9：反抗受试者和服从受试者的责任分配

	人数	主试	教师	学生
反抗受试者	61	38.8%	48.4%	12.8%
服从受试者	57	38.4%	36.3%	25.3%

测试结果显示：对于让学生遭受痛苦这件事情，反抗的受试者认为自己应该承担主要责任，将48%的责任归于自己，39%归于主试。而服从的受试者中，这种责任倾向稍有倾斜。他们认为自己不应该承担比主试更大的责任，但确实愿意承担比主试略低的责任。服从受试者与反抗受试者在学生责任的问题上存在比较大的分歧。服从受试者分配给学生的责任是反抗受试者的2倍。我们询问服从受试者这样分配的原因，他们指出，学生是自愿参加实验，并且没有很好地学习。

因此，反抗受试者比服从受试者将更多的责任归于自己，分配给学生的责任更少。当然，这种测试是在实验后进行的，结果是否显示了两类受试者真正的性格倾向，还是他们事后进行的思维调整，对此，我们无从得知。

阿兰·艾尔穆斯（Alan Elms）博士选择距离系列中的若干受试者进行了一系列心理学实验，包括约20名服从受试者和20名反抗受试者。他的主要发现是：在实验中，服从和F量表结果之间存在关联。F量表由阿多诺（Adorno）和其助手们共同设计，主要用于测量法西斯倾向（1950）。艾尔穆斯发现，与反抗受试者相比，服从受试者显示出更高程度的独裁主义倾向（F值更高）。虽然与上文的某些观点重复，但让我们看看艾尔穆斯对此的解释：

……服从和一些独裁主义因素之间，似乎存在着密切的关系。我们应该记得，服从实验测量的是服从的实际行为，而不是一个人说他可能会做出什么行为。很多关于独裁主义的研究……都只限于纸笔测试，并没有将其转化为实际行为。但是，在本次实验中，受试者在令人不安的真实情境中，做出了服从或者拒绝权威要求的行为……因此，40年代末的那些研究成果应该是非常有意义的，这些结论可以从抽象的行为倾向转变到真实的独裁行为：服从领导者，惩罚更弱小的下级。【阿兰·艾尔穆斯《社会心理学和社会关联》（*Social Psychology and Social Relevance*），1972】

F量表方法与服从实验行为之间的联系，尽管有参考价值，但并不密切。我认为，部分原因在于纸笔测试方法存在的缺陷。对于如何测量人的性格，我们所知不多，因此，很难将一个人的表现与其个性联系在一起。

此外，我在耶鲁大学的同事劳伦斯·科尔伯格（Lawrence Kohlberg）博士进行了另一项工作，试图寻找与服从相关的因素。科尔伯格博士设计了一个道德发展量表，其理论基础是：人在成熟的过程中，会经历一系列不同的道德判断阶段。他选择了一组34名耶鲁大学生进行测试。结果显示，与那些保持服从的学生相比，中途结束实验的反抗学生具有更高的道德发展水平。这个发现虽然并不很具说服力，但有参考价值（科尔伯格，1965）。

受试者结束实验之后，我立刻收集了受试者的背景信息。尽管结果总体而言没有强大的说服力，但显示出以下几个倾向：共和党人和民主党人在服从水平上没有显著差异；天主教徒要比犹太人或新教徒更具服从倾向；受教育程度高的人要比受教育程度低的人更具反抗性；从事法律、医疗、教育等与道德相关行业的人，较之于从事工程、物理科学等技术性工作的人，表现出更为强烈的反抗倾向。在军队服役的时间越长，服从程度越高，但无论服役时间多久，曾担任长官的人要比士兵服从程度低。这些数据来自前4个实验情境（距离系列）中的受试者。随着后续进行更多实验，很多上述发现被推翻了，至于原因，我很难作出解释（当然，服从与反抗的含义会随着情境的改变而改变）。我的总体感觉是，服从与反抗之间的相互关联性居然如此小，与我们所观察到的行为之间的关系如此薄弱。我相信，服从和反抗应该有一个复杂的性格基础。但是，我们还没有找到它。

无论怎样，我们都不能错误地认为，反抗是由单一的性格特征所引发的；或者简单地下判断说，善良的好人会反抗，冷酷的坏人会服从。在这个过程中存在太多的环节，而且，在每个环节中，人性的不同组成部分又会扮演着复杂而重要的角色，我们不能简单地加以概括。此外，大多数读者会认为，性格是影响一个人在实验中表现的重要原因，但事实并非如此。20世纪的社会心理学揭示了一个重要问题：一个人做出某种行为的原因，并不是由于他是一个什么样的人，更多地是由于他处在一个什么样的情境。

译后记

如果你参加了一个实验，要求你使用不断增加的电击伤害另一个人，你会怎样做？你肯定会很确定地说：“我绝不会这么做，这种行为违背了我的道德原则。”

但是斯坦利·米尔格拉姆这位20世纪最伟大的心理学家之一，却通过他的服从实验，向我们揭示了一个令人震惊的事实：我们这些普通人，很有可能只是为了服从权威，而没有底线地伤害无辜的他人。在那一刻，所有的道德原则都消失了，因为我们不再是“我”，我们变成了权威的“代理”，变成了一个等级机器中的零件。

很多人都相信，人的行为是由性格决定的。但米尔格拉姆的实验告诉我们，原来你所处的环境、与他人之间的关系，将对你的行为产生重要的影响，这种力量之强，远超过我们的想象。

本书是米尔格拉姆最著名的作品，他在书中详细回顾了服从实验的始终，包括实验准备、所有实验系列、实验过程描述以及结果分析。研究服从的想法，源自他对纳粹大屠杀的反思，虽然书中有很多地方阐述了纳粹与服从的关系，但他还强调了一点，服从远非只用于解释纳粹行为那么简单，事实上，这种心理学现象蔓延在我们生活的各个方面，包括家庭、学校、工作，最极端的例子就是战争。

我们生活在一个等级社会中，服从是等级社会中必然存在的现象，它在稳固社会体系的同时，也存在着潜在的问题，如果我们不能克服这些问题，它也会成为社会体系的破坏力量。

掩卷之时，我们需要自问：要怎样做才能正确地服从，才能在面对恶意权威时，克服情景强大的心理力量，做出反抗。这不仅是出于良心和道德，更是一个健康社会体系所应该具有的特征。

感谢同文译馆提供了如此难得的机遇，让我走近大师，恍如亲临实验现场，感受和思考20世纪最具代表性的心理学实验之一。

赵萍萍
2012年9月